創造對話

掌握人心的7個頂尖溝通策略

弗雷·達斯特 Fred Dust——著
王瑞徽——譯

Making Conversation

Seven Essential Elements of Meaningful Communication

獻給我的丈夫大衛
他進行了大量對談促成本書

CONTENTS

引言

近來，我遇見的每個人——朋友、同事，甚至晚宴裡的陌生人，幾乎都問我同一個問題，只是問法不同：「我今天跟人有一場對話，可是沒用。你認為我哪裡出了問題？」

想知道該如何妥善處理跟那些富有又強勢的學生家長之間的艱難交談的學校校長；想要慎重地駕馭決斷力的企業執行長；因為女兒的厭食症把全家的晚餐席變成戰場而苦惱的母親；為了一個字而出了差錯的董事會議；極力想和同事談論職業倫理的資深警界人員。

於是不知不覺中，我成了一個設計對話的專家。

建設性對話是人類最早也最強大的工具之一。對話建立了我們最初的社區，有利於新興的文明進步。公共論說是民主的基礎，在歷史上一直是政府和管理體系的各個面向的基礎。無論我們對各種手持電子裝置和叮咚響的社群媒體帳戶有什麼看法，科技的「進展」都源自建設性對話。是創造性的合作讓人類登上月球，讓我們繼續留在數位時代。

但最近，我們似乎失去了彼此交談、進行有效的談話、交換意見並且一起推動點子的能力。

一切變化得太快。新聞媒體助長了衝突摩擦和派系糾紛，政治和民主對話似乎越來越難以掌控，而且每下愈況。大學校園因為種族、階級和性別政治而嚴重分裂，以至於原本建立在對話基礎上的機構現在根本不敢主辦會談。以前，我們會認為別人是錯的，如今，我們總覺得別人在撒謊。

在這同時，我們的孩子變得內向，只能透過他們的電子裝置進行交流，而我們從社群媒體所接收到的只是我們做為人的最薄弱的一部分。線上的「交流」是許多虛構的自我之間的東西，對話的幻影。我們失去了人性，這反映在充斥於現今社群媒體「交談」中的惡毒言詞。

同樣這個媒體系統讓我們面臨持續不斷的悲劇，颶風、大火、校園槍擊、警察暴力、流行病、隔離營——我們再也無法停下來，好好處理任何一項。我們只是讓這些不幸越積越多，生活在永久的危機之中。

當然，我們一直很難跨越政治、社會經濟、性別或種族界限進行重要的對話，可是現在我們就連和最親近的人交談都很困難。這發生在朋友、家人、同事、有共同政治信仰和目標的人們之間，裂痕到處可見。

在我的整個職業生涯中，我始終抱持一個信念：一種清新、創造性的談話方式可以解救我們，可以改變世界。但在過去幾年裡，我發現自己越來越絕望。我不確定我是否真的相信創造性對話的力量，類似失去一種信仰。

我如何成為對話設計師

一切開始於一九八八年。當時我從大學退學，投入愛滋社運團體「動起來」（ACT UP，AIDS Coalition to Unleash Power，釋放力量的愛滋聯盟）的工作。

ACT UP早期感覺就像一場創意革命。許多發現自己感染該疾病的人都是藝術家、劇作家和設計師，他們的抗爭活動訴求是那麼新穎、反動，使得一場關於死亡的運動顯得生氣勃勃。擬死示威（die-in）；「沉默＝死亡」口號；納粹時期被送往集中營的男女同性戀的識別標誌的殘餘——粉紅三角（pink triangle）的沿用。它既新又現代，社運方法和創意聯盟的結合重塑了現代抗爭活動的樣貌。

剛開始真的很令人興奮：我坐在西雅圖國會山莊社區中心地板上，在男男女女、同志和異性戀者、藝術家和普通民眾之間，幫忙策劃這個組織著稱的階段性干預活動。然而，幾週過去，我開始覺得大家花在擬定計畫的時間多過做事，花言巧語多過豐富的創意。我開始對西雅圖地下室的噴漆口號，以及老實說很容易被忽略的小群示威活動感到沮喪。

如果我加入的時機早個幾年，而且往東移動幾千哩，我目睹的或許會很不一樣。事實上，加入ACT UP的西雅圖分會把我帶到活動熱點的最外圍。可是更深沉、悲傷的事實是，即使是熱點的火光，似乎也越來越微弱暗淡。由藝術家、作家、表演藝術工作者和廣告人組成的創意核心，實際上正因為遭到晚期愛滋病毒感染的重擊而逐漸消失。我在冰冷多雨的西雅圖街道上，周圍不是創意的溫暖，而是一股無奈的憤怒，和一個主要是因為哀傷而凝聚起來的團體。

但那正是我旅程的開始。我在追尋著什麼。我可以看到藝術和社會變革可以如何相互融合——透過創意的運用，艱難的對話可以變得更具煽動性和正面。在這同時，我也觀察到國內和全球的政治對話開始動搖、失敗。我努力想在國際間逐漸形成的冷嘲熱諷以及我所認知的更樂觀有效的實踐方法之間取得平衡。

一年後，我回到學校，把我的學習從政治（我原本計畫到辛巴威和游擊兵共事一個學期）轉向了藝術和藝術史。儘管媒介不同，但我所從事的工作的基本趨勢是相同的。我選擇研究那些透過作品改變社會的藝術家們的漫長歷史，尋找著藝術和行動主義（activism）彼此融合的痕跡。

我投入的時機再好不過。ACT UP和政治熱度催生了一批以全新方式將藝術與政治融為一體的藝術家。在學校，我完成了關於芭芭拉・克魯格（Barbara Kruger）的論文。她為支持墮胎權（pro-choice）而設計的代表性海報「你的身體是戰場」（Your body is a battleground）風靡全球。而她並不孤單。

畢業後，我開始和一些藝術家社運人士合作，像是在加州從事移民相關政治性工作的約蘭達・洛佩茲（Yolanda Lopez）和「邊境藝術集團」（Border Arts Collective）；因記錄孩子誕生後第一年的生活點滴而惡名遠播，並引起以男性占多數的藝評界強烈不滿的瑪麗・凱利（Mary Kelly）；把自己的裸體放在紐約大都會等博物館人類學展區的玻璃櫃裡展出的美洲土著表演藝術家詹姆斯・盧納（James Luna）；身為愛滋確診者、以極具爭議的性愛作品而聞名的表演藝術家提姆・米勒（Tim Miller）。他們的藝術勇敢、聰慧、機智而美麗，卻能激發大膽的變革，促使世間產生新的對話形式。

藝術的這個政治時刻恰逢光碟機等新技術以及全球最早的網路架構的出現——沒錯，的確如此。那是一個奇特的烏托邦時刻。事實上，我與人合編的第一本書《點擊進入：數位文化的熱連結》（*Clicking In: Hot Links to a Digital Culture*）是一本由藝術家們撰寫的大量散文的合輯，這些散文頌揚著新技術將解放我們的身分。諷刺的是，書中的許多藝術家和哲學家，尤其是傑容・藍尼爾（Jaron Lanier），之後都對他們一度推崇的科技抱持反烏托邦的觀點。後來，在上世紀九〇年代，藝術市場迅速擴張，政治藝術也大半被邊緣化。

但我仍然在尋找一種能夠融合創意、社會變革和對話的方法。

不久，我發現一位建築師，克里斯多弗・亞歷山大（Christopher Alexander），他提倡一種可以讓社區、城鎮和鄰人和他一起設計自己的住宅和市政建築的方法。今天我們稱之為協同設計。簡言之，這是一種集體對話的方式，並且透過這種對話，為該社區規劃出解決方案。

在我看來，這似乎是我一直以來所做工作的一種進化，只是從創造性的政治對話轉變為集體創造性行動。一九九七年，我去了加州大學柏克萊分校建築研究所，想進一步了解他的實踐方式。我很快發現，當時的建築業務比較是個人表達，而不是社區參與。我在一家公司短暫擔任實習建築師，但我感覺不到自己正做出改變，體會不到創意激發對談的信念，而這正是我自身的創意實踐的核心。

和許多人一樣，我是從美國廣播公司（ABC）的《夜線》（*Nightline*）節目的著名購物車影片中知道IDEO這家公司的。如果你還沒看過，該節目花了一週時間跟拍一支大型協同設計團隊重新設計一臺標準購物車的過程。今天我們到處都看得到對於該團隊所做購物車改造的回響。老實說，當我看著電視，我的第一個念頭是，不會吧，有人設計購物車？我以為這東西早就定型了。然而那整個過程中的理想人道精神讓我起了共鳴。IDEO感覺像是一個會產生設計和真正變革的地方。

我在二〇〇〇年加入IDEO，並建立了IDEO的建築實踐。IDEO公司的設計文化原本就具有高度合作的性質，要將合作過程擴展到我們設計的服務對象並不難。

我親自致力於分解建築語言，使得整個過程和原則更加簡明，讓我們的客戶真正成為協同設計者。我們讓護理師設計病患的房間。我們搭建全尺寸的概念性教室模型，和教師們在其中閒聊走動，在過程中改變他們的想法。那是一種構建式、建設性對話的設計，是我在亞歷山大的設計中所看到的東西的演化物。

但是在我們進行這工作的當中，發生了十分有趣的事。許多學校、非營利組織、慈善團體和政府單位找上我們，想知道我們是否能解決更大、更根本的問題。這些都是剛萌生的挑戰，但我意識到這正是我真正想做的那類工作。而且，毫不奇怪，我發現自己又回到起點，基本上做的是我在大學和畢業後一直在做的事：把人們聚在一起，運用創意做出改變。而就像ACT UP或者邊境藝術集團的許多企劃，我們所做的一切都是從正確的對話開始的。

這對我影響重大，因為我們開始建立一種業務，致力於集結一些高度多樣化的組織，以便共同解決像是收入不平等、槍枝暴力和醫療保健之類的更大規模、更根本的社會問題。

這類企劃意謂著將非營利組織或基金會、營利組織或私人公司，以及政府這三組人馬聚集一堂，進行「三方」（tri-sectoral）對話。當然，這種對談肯定是困難重重，三方參與的理由也往往相當分歧。隨之而來的是更細微的問題。有時欠缺共同語言，有時則是對談話該如何進行，甚至事情的進展速度持有不同看法。早在這項工作開始時我便發現，當我們把不同的利益關係方、團體、政治或文化實體聚集在一起，期待做出改變時，我們手上的工具還不夠理想。

我的一個重大轉捩點發生在二〇一〇年初。當時我在希臘，剛在一場充滿政府官員和大筆資金的集會上做了得罪人的發言。我正要離開房間，一群穿黑套裝的人把我團團圍住，將我逼進了後面屋角。在短暫但極為焦慮的瞬間，我被困在了原地。突然間，希臘總理喬治．巴本德里歐（George Papandreou）出現在這群安全人員當中。他不但沒有憤怒的言語或驅趕的意思，還邀請我和他一起晚餐。

當天稍晚，我發現自己坐在雅典海岸的一間空酒館裡，面前只有總理、他的特別探員和他的妻子，迷人的地中海第一夫人艾達。他的手機響個不停，來電的是正在尋求庇護的埃及前總統穆巴拉克（Hosni Mubarak）。畢竟，當時正值阿拉伯之春（Arab Spring）運動的期間。總理低頭看著桌上的手機，說：「有時候，只要能讓政府慢下來，就能避開危機。」

當時感覺很奇怪，甚至有些天真。但如今回想起來，我了解到，刻意地設計較慢的對話，也許確實能讓我們解決許多重大問題。說來簡單，但並非基本。這是第一次，但絕不是我最後一次從這位總理那裡獲得關於對話的驚人洞見，他是一個骨子裡深植著雅典式民主的男人。接下來幾年，隨著希臘面臨經濟危機的衝擊，以及之後的幾年裡，我和喬治有過多次關於對話的對話。

喬治在非常嫻熟於私下交流，看出阻礙或改進互動的前因後果。他告訴我，兩個世界領導人可能會在談判桌上鬧僵，但如果我們並肩站在海中，水深達腰際，遙望著地平線，我們或許能找到另一種和諧。他渴望有一種授權雅典計程車司機協助激勵公民對話的計畫。「他們是真正的對話仲裁者。」在街頭，他這麼對我說。

我的那些和喬治之間關於談話的談話讓我清楚了解一件事：想要重新設計

我們的社會結構，我們必須反過來重新設計它的核心作業工具——對話本身。

因此，我們必須開始認真研究該如何重新設計對話。問題顯而易見：我們該如何加快建立共同語言的過程？我們如何能讓人公開談論他們各自的目標？而如果我們能讓人達成協議，你如何能確定協議會帶來行動？儘管問題十分淺顯，答案卻需要下功夫精心設計。

二〇一六年，我們成功利用新的對話模式來解決設計問題，這些問題從和美國民眾以及剛成立的消費者金融保護局合作，一直到和安第斯山脈的非營利組織和農民合作不等。我和衛生部長就健康、焦慮和壓力等問題進行了各種新的對話，並探討了透過在許多希臘村鎮的廣場上進行對話，來減輕希臘金融危機壓力的方式。我和亞斯本研究院的菁英以及布魯克林區的槍枝暴力受害者展開新的對話模式。

這些模式的範圍和預期影響各不相同：有的是關於思考傾聽藝術的新方法的一系列短期動態課程，有的則是為了讓數百人探索新的點子和理論，並且立時獲得一群人的支持。這些形式打破了對話慣例，有著新且更嚴格的規則，它們結合了動作或道具，在建構中包含了編舞藝術和技能。所有這些新的談話方式，我們都將在接下來的章節中逐一探討。

我們不斷進步。我們不斷創造對話。

哪些談話是重要的？

你閱讀本書的原因和我研究、寫作它的原因是一樣的：你希望有能力對你參與的對話產生更大的創意影響力，也許，更重要的是，你希望對你參與的對話產生更大的創意影響力。你知道這是有可能的，但首先……哪些談話是最具重要性的？我們要如何辨別哪些對話真正需要用創意去切入，並且能從中獲益？

只因為我們在交談，並不表示我們真的在交談。匆匆閒聊幾句，喝咖啡敘舊，在走廊聊八卦，和家人在深夜談笑：這些悠哉、開放的互動可說是生活中的賞心樂事，它們對我們彼此間的連結無比重要，無論是獨處或在一起，我們都渴望著它們；除此之外，它們還很有趣。但這些並不是我們要討論的那類對話。

真正重要的對話，我們所要著眼的，是那些更實質、更具意圖的交談形式。當我想到重要的對話，它們通常有三個共同點。

第一，一定會有歧異。就許多旨在做出改變的艱難談話而言，席間必然會存有歧異，參與的人不可能全部一個樣或者意見相同。

不過，對於所謂的歧異要很謹慎。有時它很明顯，看來就像不同世代，就像不同性別、人種或族群。

然而結果往往是，那些看起來相似的人有著極為不同的觀點和議程，而最具破壞性的歧見被隱藏起來了。我曾身在許多看似有著難以克服的政治差異、充滿富裕的歐洲白種男女的場合。同樣地，我也曾身在一個自稱完美的家庭的餐廳，而他們的家庭晚餐，每一頓家庭晚餐——都演變成了戰場。

第二，感覺很棘手。你可以把各式各樣的人聚集在一起，討論他們想看什麼電影，但這類談話不是我們要探討的。如果感覺輕鬆簡單，那麼它很可能並不是需要設計的那類對話。所謂重要談話都是旨在解決困難問題的。這類談話通常和戰略、政治議題或充滿激情的話題有關。

第三，除了談話，往往還有別的東西。我們常會經歷一種「對話疲勞」（conversation fatigue），這種疲勞來自談話成果有限的這個事實。我常聽到這樣的話：「我們談得很愉快，也得到很多共識和好點子，最後卻不了了之。」這是最大的風險：欠缺成果。創造性對話必須能將我們向前推進，它必須幫助我們將空想空談轉化為行動。光是協議還不夠，必須付諸行動。

因此我加諸於「對話」這字眼的重大負荷是，它必須有效解決分歧，必須探索艱難的議題，必須以正面成果為目標。

我們還會在本書中頻繁討論哪些對話是真正重要的——不是廣泛地談，而是針對讀者你。

這些對話因人而異。《財星》（*Fortune*）雜誌五百大企業的執行長們完全掌控著會議室中的談話，但在親師的溝通談話中，他們卻會徹底崩潰。同樣地，有些教師刻意設計對話，來確保自己不受這些CEO的支配。

你決定發揮創造力的談話可以是全球性質的，可以是跨越國際衝突分界線的討論，或者關於氣候變遷的未來。這些談話也可以是個人性質，向你所愛的人揭示冷酷真相。這些看似微小的家庭對話也是可以設計的。

當談話開始變質

我們都了解談話變了樣的感覺。三種最常見的徵狀包括：

一、權力動態明顯不平衡。也許是因為與會的人之間的層級或不平等而明白顯露，或者因為少數人的專業凌駕其他人而不明顯。這可以從幾個人的壓倒性聲音或其他人的沉默看出。

二、目的不明確。召集人們討論一個話題，不等於能讓人們了解集會的目的。沒有目的，就無法把談話向前推進。有些人可能努力想解決問題，有些人則是在探索，而兩者都不是面對談話的正確態度。

三、流於無謂的批判。這通常是由上列幾種狀況引起的，在這情況下，參與談話的一個小集團會從對話的主題轉而開始抨擊對話本身。這是最常見也最令人氣餒的一種談話結局，使對話完全失效。很不幸的是這現象越來越普遍。

這些現象都不太可能就此變得陌生，而談話因為這些「徵狀」而失敗或陷入惡性循環的例子也將屢見不鮮。

說到能夠進行艱難對話的人，我們想到的往往是那些手段高超嫻熟的專家：調解人、斡旋者、心理學家和人質談判專家。但是，以設計者的姿態展開對話意謂著你把對話當作你創造、設計的東西，而不是你促成的東西。這是莫大的解放，只要你開始思考你如何能透過設計而不是純粹的意志力來影響談話的結構和感覺，也就有了新的可能性。它依賴的不是你的人際交往技能，而是一套不同的技能：發現機會並加以設計以塑造結果和影響力的能力。

更重要的是，對許多人來說，這些工具能讓人對談話進行創造性的掌控。當談話開始走偏，你可以把創意當成一種慈善的力量。把創造性構想應用到談話中的最強有力的一點是，這些構想有助於平衡權力，防止不平等，而且是以一種包含在談話的支配架構中的方式來進行的。我們將檢視許多害羞的人可用來表達自己的談話形式，人們可以測試一些自己沒把握的點子，而批評會讓人感覺有建設性，甚至好玩有趣。採取創造性對話有助於我們展開更平等的對話，而不需控管語言或場合。

創造對話

當我開始為本書進行調查，我又找到了希望，我覺得我可以樂觀地書寫、討論關於談話的未來，而又不會對它過度樂觀。為什麼？

我一次又一次發現，有證據顯示許多人在各種令人驚訝的情況下堅持不懈，進行艱難的對話。我看見更多人跨越鴻溝，而不是陷入其中。我目睹許多人處理困難的話題，不是懷著恐懼，而是帶著興奮，甚至喜悅。

我見到許多成功的心靈修行。我前往西班牙朝聖，又去了喜馬拉雅山，想弄清楚為何那麼多人和朝聖夥伴結下終生情誼。我靜靜坐在貴格會（Quaker）的集會中，以便深入理解貴格會的聆聽、見證和作證形式，並和猶太拉比談論逾越節家宴和七日服喪期，兩者都創造了儀式來度過危機以及使用舊形式來討論當代問題。

我和心理學者和人類學者談話。和心理學家的一些對話是關於人如何利用沉默等特定工具，或者姿勢如何影響你對事情的想法和感受。但我們也談到創造性過程，以及我們可以從應用於談話藝術的創造心理學中學到什麼。有些談話只是為了克服我寫書的困難。

接著我轉向藝術家，我和導演談到劇院如何吸引、重新吸引觀眾。一位知名劇作家和我談到創作的奮鬥，以及如何為了創作而堅持不懈，必須不斷重新評估現有的東西，努力從一堆看似瑣碎虛幻的文字創造出作品來。這當然是一種期待透過對白進行改變的奮鬥，它是否會輕易溜走，一群人能否找到意義，你能否光憑著語言做出改變，或者建立新的東西。

我在改造了抗議主題歌的唱詩班唱歌，並和美國本土說書人會面，聽他們如何將歌唱融入他們的工作。我見了遊戲設計師，以了解規則的變化方式，以及遊戲和對話之間的微妙景致。

最後，我回顧自己身為藝術家、建築師和設計師的一生，尋找埋藏在這些經驗中的種種教訓。

本書彙集了從許多從事對話者的一個又一個案例得來的知識。本書彙集了許多關於如何操縱看似失敗的談話的技巧和訣竅，書中充滿各種可幫助你學習讓談話方式變得有趣、充滿創意的實踐法，有的簡單，有的複雜。

顯而易見，有七個基本元素，我視之為創造性對話的七要素：投入、創造性傾聽、明晰、情境、規範、改變，最後是創造。讓我們很快地逐項介紹一下。

投入：我們多數人在交談時只有一個目的：說服其他人我們是對的，他們是錯的。有什麼不可以？堅持自己的信念讓我們感覺安全又強大。但創造性對話非常不一樣。它關係到開放性的探索。捨棄自己的想法，起碼不要緊抓不放。投入對話本身，投注在和我們談話的人身上。這是一種充滿勇氣和樂觀的行為，也幾乎是全世界最困難的事。所以，問自己：我夠投入嗎？

創造性傾聽：多數人都不善於傾聽，樂在其中的人更是少。我們把它看成像是雜務的東西，不斷點頭，恭順地保持沉默，等著輪到自己說話。傾聽確實可以是一種創造性的行為——有生產力、令人滿足而愉悅。藉由創造性傾聽，我們可以學著讓別人把話說得更分明，測試和我們不一樣的觀點，接納我們自己的反應和判斷。當我們以這種方式聆聽，就是在積極尋找創意的線索。

明晰：對話有賴於最基本的元素：言語。然而言語充滿了誤解。許多複雜或科技術語並非人人了解，許多字彙我們每天都在使用，且以為我們對它的意義有同樣的認知，其實不然。結果，太多對話迷失在我們聽見的字彙，以及別人使用的字彙背後的意義之間。但如果我們能在談話一開始就尋求我們所使用的字彙和術語的明確性和定義，我們便可以建立一種共同的語言，甚至找出共同的價值觀。正確的言語能讓我們趨於一致，引導我們一起往前推進。

情境：談話地點對談話的進行有很大的影響。空間確實能決定劇本：有些空間能賦予對話更多活力和生命，有些會讓對白變得沉悶。我們將學習為你期待的對話選擇空間。有時這意謂著就現有的空間重新進行安排，有時只是一個微妙的位置變化，便足以對各種可能的對話產生巨大影響。

規範：每一場對話都有規則，但這些規則往往秘而不宣、武斷或不公平。結果每個人都很氣餒，完全沒有公正或有成效的感覺，最後聲音最大的占上風，把對話變成個人的獨白。然而，正如任何設計者都會告訴你的，規範能夠激發創造力。規則可以讓我們自由。首先，我們必須拒絕別人的規則手冊，著手為我們想要的對話以及我們想建立的群體設計更好的規範。本章將探討如何使用整套規則和各種限制，使我們的對話更真誠、有趣而可靠，而且更有意義。

改變：所有創造性對話都需要一個改變時機——當一群人成為一個致力於創造的群體的一刻。這個集體改變的時刻讓我們能想像將一場對話向前推動，並且激發行動的潛力。這麼做的最佳工具可以在我們的一些最古老神聖的習俗中找到。讓我們打造群體和真實連結的熟悉而神聖的經文、宣誓和承諾一直是人類經驗的核心。它們能提供節奏感和沉思的空檔，它們能提供直觀的前進道路——即使並不明顯。

創造：我們何時會停止說話，開始行動？那麼多有影響力的對話激發了無數出色的點子，而這些點子當中有一些從未付諸實行。創造是從可行的想法轉變為明白的行動。創造意謂著弄清楚參與談話的人是否能把所有點子變成現實。創造關係到尋求重新投入的勇氣，關係到把對話帶入真實世界。

這七章是一整套工具，但同時也是七個步驟。它們是依序發生的，因為各項的難度是漸進式的。一開始做起來並不容易，但有許多練習你可以獨自進行。例如，學習用新的方式傾聽，就是你可以馬上開始嘗試的。

隨著工作的逐步推展，我們會需要群體中的更多人一起參與。你可以設定自己的規則，但需要群體的同意才能讓它們發揮作用。再者，本書後面的工作多半得依賴從較早工作中學到的知識：例如，如果不確保自己充分理解了設立規則的理由，你就很難妥善地擬定規則。

此外，你會經常在本書中看到「中場休息」（conversation break）片段，它們的功能和任何大型集會、會議或長時間談話的休息時間類似。你也知道，有時你會在這類集會中歇息一下，以便把某件事完成，發一封電郵，去一下盥洗室，或者吃點東西。但有時你會發現自己被某個有趣的人吸引，於是你聊個沒完，而且從中得到啟發。

這裡也一樣。有時這種休息時間是你可以馬上去做的短暫動作，有時稍微長一點，能讓你去探索一些能激發你在談話中採取新方法或新的心態的事物。如同在現實世界，休息時間不盡然相同，但它們確實能給你一種行動、靈感的片刻，有時就只是暫停一下。

但最重要的，我希望本書能將我看見的希望呈現給你。因此，當你感覺跟人對話好難，或者當這想法似乎正到處流傳，本書應該是一種提醒：**你辦得到，人們正在做**。不要屈服。

當談話顯得困難，當它讓你緊張，當你感到危險或不安，記住這個核心教訓：對話終究是一種創造性的行為。我們並非只是對話的參與者或受害者，我們也能成為許多重要對話的創造者。

chapter 1

投入

界限必須被打破。首先，關於變革的想法必須吸引許多對事情見解不全然一致的背景各異的人。再者，人們必須處在一個不熟悉的地方，身在一個並非友人的群體之中。

——提摩希・史奈德（Timothy Snyder）

「你夠投入嗎？」我認真在問你，讀者。這是本書的真正開頭，我想確定我們已有共識。「你夠投入嗎？」我一輩子都在問這問題：客戶，朋友，大型團體，我丈夫。人們通常會迅速回答，**是啊，當然**。他們說，**我們投入我們的理念，致力於推展我們的目標，傳播我們的信仰，推動我們的進程**。

但我不是這意思。事實上，這和我的意思正好相反。

我要問的是：**你決心投入這次談話嗎？你能不能專注在和你交談的人身上？**

這是一種很不一樣的投入。而這正是我們的第一步：如何投入一場對話。

先投入對話，再談信念

我的朋友兼導師瑪麗．金泰爾（Mary Gentile）經常談到，人該在何時以及如何「挺身表達自己的想法」。有一次，她在演講中回答一個問題，那人在演講一開始就舉手發問。

「我總是堅持立場，也總是說出自己的想法，」這人問道：「但從來沒人肯聽，為什麼？」

「你已經說出答案了，」瑪麗回答說：「沒人會聽你的，因為你**總是**堅持自己的立場。」

最近我從羅伯伍德約翰遜基金會（Robert Wood Johnson Foundation）執行

長理查・貝瑟（Richard Besser）那裡聽見類似的說法：「這年頭跟人對話好難，人人固守自己的信念，我們不再只是說『我不同意』，而是說『我不同意，你錯了』，或者更糟，『我不同意，你錯了，我恨你』。」他的話卡在喉頭。或許你可以繼續加碼：如今，當我們不贊同別人，我們會說：「你錯了，我恨你，你在撒謊。」

人們很容易怪罪政治或社群媒體——當然，它們確實擴大了歧見和分裂。但事實是，這問題始於童年最基本、最寶貴的一課。從小，我們就被教導要堅持己見，守護自己的價值觀。聽到「commitment」（投入、獻身）這字眼，多數人第一時間都是這麼想的。

當然，這是有道理的。首先，形成信念需要努力——大量努力。我們並不是生而有信仰，儘管實際上我們可能傳承了信仰。發展信仰需要對思想和世界觀進行探索，需要和我們信任的人進行討論。我們將逐步建立起關於自己信仰的證據，並且尋找信仰相同的志同道合的人。最後，我們會開始透過這些信仰的鏡片過濾整個世界。當然，我們要忠於自己的信仰！

然而，很多時候，我們的信仰確確實實在我們心中滋長，而伴隨著這些信仰的，可能有成見、褊狹甚至仇恨。也就是說，當我們談話時，我們必須願意評估這些信念，並決定它們是否會伴隨你進入談話。老實說，我們早期的信念可能會讓我們根本無法進入對話。一般而言，關於種族、性別、階級差異的信念一開始便會阻擋我們創造對話。

當我們把對話當作一種創造性行為加以探索，我們勢必得重新界定我們所信奉的東西。我們必須減少對自身信仰的捍衛，轉而投入我們形成信仰的過程：探索、群體和對話。

許多關於兒童發展的心理學研究顯示，群體在幫助兒童形成信仰方面具有重要價值。基本上，我們是在返回早期的信仰探索和形成模式。

認知到孩子們或許知道一些我們這些善意的成年人早已忘懷的事，於是我前往了位於麻省大巴靈頓的約翰杜威學院（John Dewey Academy）。

當我開車穿過它的巨石大門，我的第一個念頭是，這是哈利波特的霍格華茲魔法學院。真的，這是一座城堡，被四座幾乎和高度同寬的超大塔樓穩穩鎮住，入口由一道巨大的石拱門支撐，你可以通過有著需要雙手才能轉動的把手的碩大木門進入。儘管天氣很熱，進入陰暗的大廳彷彿進了涼爽的山洞。就如霍格華茲學院，大廳的內部顯得比從外部看來更大。華麗的木梯曲折地向上蜿蜒好幾層樓。像艾雪（M. C. Escher）的超現實畫作。

選擇就讀約翰杜威學院的學生，等於選擇就讀一所全年都在上課的學校——他們確實做了選擇。很多人可能連續幾個月無法和父母見面或說話；他們將完全不能服藥（包括醫生開的藥）；他們將負責城堡內所有的環境維護、清潔和烹飪工作。

從某種意義上來看，他們算是失蹤孩童，他們大部分都「熄火」或「自爆」了，都是患有嚴重上癮症的青少年，儘管值得一提的是，上癮的方式在過去幾年裡有了徹底的轉變。約翰杜威學院創校之初，毒品、酒精和暴力行為是學生的主要病狀。今天，那裡的許多青少年仍在和化學上癮症搏鬥，但沉迷於電玩、社群媒體和色情的也不在少數，這些孩子不會表現出來，而是內在的沉淪。很多人無法在社交場合與人交流，比起開口說話，他們更喜歡電郵和簡訊。正如一位在該校任教十八年的數學老師告訴我的，「當他們叛逆的時候還比較容易處理些。」

他們也是一個相當多元的群體。我遇見來自曼哈頓上流社會頂層、來自南部和中西部鄉村的孩子，以及遠自中國和印度來的外國學生。沒有理由相信這些孩子能共存，更別說在求學期間彼此照料。

該校校長、臨床暨學校心理學博士安卓雅．連恩（Andrea Lein）相信，該校能成功，是因為它是一個「安全空間」。在當今文化中，安全空間一詞的使用蘊含了多種意義。

有時，它可以指一種人們確信自己不會聽到或不必接觸令自己不快的想法的環境。此一概念引起的緊張態勢已經浮現，尤其是在大學校園。一些學生選擇避開自己不認同的價值觀以及可能冒犯他人的對話，而某些人則認為，對話正是高等教育和文科的基本價值之一。

杜威學院不是這樣的安全空間。安卓雅澄清說：「本校對安全空間的概念和多數人使用它的方式截然不同。我確實認為這裡是一個安全空間，我們也想創造一個安全空間，但我們對安全空間的定義是，我們所有人都充分地信任彼此能真誠相待，有時完全真誠，並且在分享真理時能學會尊重彼此的差異。**我們真的不希望學生在這裡活得戰戰兢兢。**」

杜威學院的努力和他們的對話確實治癒了這些孩子，但這一切都是因為他們的投入。那是一群由於各種原因失去了參與日常交際能力的孩子，然而在該校，對話是他們「治癒」的基礎。就如一位母親向我描述的，一旦你加入，便得「全心投入一場關於他們將如何進步的持續不懈的對話」。

這份投入使得神奇的事得以發生——如同魔法城堡。就像安卓雅的定義，杜威學院是一個安全空間，因為所有想法，包括激烈的想法、具爭議性的想法、可能會冒犯人的想法——全都可以討論，而且群體的安全以及各種支持公開、真誠對話的價值觀都會得到保障。杜威學院是這些對話的避難所。該校的一切都是透過一種公開、密切的對話過程而產生的：制定規則，違反規則的後果，學生自身的進步和教育，這些全都是持續不斷的對話。

杜威學院是一個極端但激勵人心的關於奉獻投入的範例。創造性對話關係到**願意對自己現有的信念少一點堅持**，關係到投入一場探索，並且和一群幫助你進行探索的人打交道。簡言之，這意謂著，那個讓你建立你現有信念和價值觀的過程，正是讓你探索新信念、建立新社群的同一個過程。

說來簡單，但在心態轉換上卻極其困難。在許多方面，你會和許多當今的對話模式的特性背道而馳，但這是好事。慢慢著手，和朋友家人，所有你願意為之付出的人——共同練習，順帶一提，這將會讓你察覺這種轉變有多難。然而，它同時也能讓你親身感受到致力於探索和思想開放的力量。

開啟差異之門

在IDEO，我們曾和健康減重機構WW（Weight Watcher）密切合作。他們的集會在長度和內容上都經過精心設計，但人們明明到了門口卻不願進去。這是一個巨大障礙，只是它的主管們看不出來。於是某天早上，我帶著他們的執行長和一群主管去到達拉斯的一間非裔美國人大教堂。

一看見高速公路上的塞車狀況，他們開始感到不自在，想要婉拒前往——該教堂就是這麼受歡迎，每週日總會吸引三萬名教友。當我們魚貫進入足足有迪士尼樂園大小的停車場，迎向一座廣大得像Costco的教堂，接著混入一群清一色是身穿體面禮拜服裝的黑人的信眾時，他們的不安感更深了。這裡是達拉斯：他們的頭髮是**真的**。「我們太惹人注目了，」他們說：「我們應該往回走。」

他們正經歷和每一個未來的WW成員同樣的猶豫時刻。在開會前，你會注意到人們四處閒晃，觀察會場，查看參加者。他們會小心翼翼進行，從門口經過一、兩次，迅速瞄一下裡面。他們會遠遠地進行，坐在停在WW分公司外面的車子，打量著那些進入的人。他們在查看著參加的都是些什麼人，探尋著差異。

我比較胖？我比較矮？我是唯一的男性？他們照例會問自己：**這些人和我一樣？我會不會惹人注目？我會不會冒犯別人或者覺得不自在？**一旦發現太多差異，人們就會決定退出集會，這時就有了藉口。他們會告訴自己：「我實在沒時間。」

細察、評估和尋找差異是每當我們置身於一群人時的第二天性。當我們進入一個場所，當我們檢視會議的電郵受邀者，當我們瀏覽宴會的電子請帖回函（RSVP）清單，或者閱讀一場研討會的演講人簡介。我們這麼做是因為，我們往往認為，對話中的人們的**差異越大**，對話**就越困難**。

但事實上，一旦你越過那道門，一旦你參加了第一場集會，和比你胖、比你矮、和你根本上不同的人坐在一起，你會了解到這種差異無礙於集會對你的支持和幫助。

（順便一提，後來WW的主管們總算找到進入教堂的勇氣。那次禮拜不僅為大規模集會提供了啟示——三萬人更像是一場演唱會而不是宗教禮拜。他們還發現，他們四周的人都那麼親切慈愛，和他們認識的參加減重集會的人沒有任何不同。）

非常簡單，打開差異之門。

在哈爾・艾希比（Hal Ashby）的電影《哈洛德與慕德》（*Harold and*

Maude）有一個我很喜歡的場景，靦腆矜持的哈洛德看見慕德在遊樂園和陌生人打交道，跑去問她如何能跟人處得那麼好。她淡淡一揮手，說：「他們和我是同一物種。」

這想法值得銘記在心。

做為同一**物種**，我們的相似多過差異。我們的物種普遍因疾病而衰弱，我們的物種普遍被暴力、混亂所傷，我們的物種普遍在繁榮和富裕的條件下茁壯成長。我在職業生涯中跨越了階級和文化分界，與富人和窮人交談。我曾在梅奧醫學中心（Mayo Clinic）和印度農村的偏鄉醫生那裡從事醫療保健工作，或者為一些極富有的人和生活在貧困邊緣的人提供財務服務。我觀察到有些妻子把錢藏在鞋盒裡，以防被丈夫發現，也觀察到另一些人把錢藏在開曼群島的銀行帳戶，到頭來也是為了不被某人發現。儘管條件和文化背景不同，但人的許多願望、目標和引以為傲的事物是一樣的——引起我們的恐懼和焦慮的事物也是一樣的。而且，在不同文化中，我們慶祝、哀悼、敬神或結婚的方式，簡言之也是相似多於差異。

這並不表示我們沒有不同，我們當然不同，但我們依然是同一個物種。

尋求你想要的對話

我和丈夫移居紐約的第一天，搬家工人到達時，我單獨在公寓。他們花了大半天，將我們的家具搬上好幾層樓梯，公寓裡又熱又凌亂，幾名搬運工人顯然累壞了。當所有家具堆放在公寓中央，我獨自一人站在一個全新的城市中，激動不已，感覺自己就要迸出淚水。

當我茫然不知所措站在那裡，有人大聲敲門。我開了門，看見住在樓下的女人的憤怒臉孔。她氣極了：「你知不知道本大樓的規則？」她大喊。我違反了所有規則，有大半天堵住她家的樓梯間……搬家的噪音太大了等等。

我焦慮起來，而這份焦慮逐漸轉變為難以遏止的怒火。這就是著名的單刀直入的紐約客，她是我們如假包換的鄰居，但我也不會是一個加州來的軟腳蝦，我會加倍奉還的。種種念頭在我腦裡閃過，但不知怎地，在我讓她好看之前，我脫口問了一個非常直白的問題——聲音還有點顫抖。

「這真是我們要的第一次串門子對話嗎？」我吃了一驚，而她似乎更是詫異。她愣住，注視我片刻，做出了決定。

「不，」她說：「不是。」

我們用不同語氣重新開始對話。我道歉，她幫忙。結果我們在那棟公寓住了三年，和樓下鄰居成了好友。幾個月後，當桑迪颶風來襲，我們都遭遇了停電，她帶了許多蠟燭和幾瓶紅酒到我們家，度過一個令人忐忑的夜晚。

想想看。重要的對話，和重要的人進行的交談——你有過多少次對話是明明可以轉換一下語氣、轉換一下氣氛的？然而，我們不顧自己的直覺，任由它們出錯。談話的語調通常是對某一狀況或最初幾分鐘的互動的不自覺反應。接著，隨著談話逐步展開，我們發現自己被困住，受到我們當下的感受，而不是我們想要或必須達成的事情的影響。

人為何投入一場自己不想要、氣氛不好或苗頭不對的談話？

因此我只要想想和鄰居相遇的那一刻，以及我謹記至今的一個教訓：**盡**

力尋求你想要的對話。

選擇你想投入的對話

每一次談話都看成必須去設計的東西，將很快讓人感到筋疲力竭，而且會讓對話和交談的相關樂趣消磨殆盡。選擇投入一場對話，意謂著學習評估對你來說最重要的事。不管它是私人或職業性質，你是如何**看待**這次談話的？

也許你是一家公司的執行長，然而這天，最重要的一次談話可能是親師座談會。也許你是擅長面對群眾的政治激進分子，卻在假日和家人聚餐時覺得不自在。因此把對話大致分為三類將很有幫助。前兩類相當實際和概括的；第三類是對你來說更具體的，而且將有賴於你自己的直覺。

帶有目標的對話：這類對話或許是最容易判別的，也就是一些為了解決問題或者探討未來願景的對話。可以是個人的：我的職業目標是什麼？也可以是更廣泛、更制度性的：我們的組織如何發揮影響力，或者該如何解決一個大問題？可以是社會性的：該政黨聯盟如何能減少街友，或者本市該如何杜絕槍械相關的死亡事件？

這些對話通常屬於策略設定的類型。制定策略是一種對話形式——無論什麼行業、背景和領域。有時很耗時——如果是為了制定一個長期戰略；有時較簡短——如果是為某個獨立的問題制定戰略。我畢生工作的核心理念便是：所有的策略對話都應該以某種形式的創意來面對。一方面因為，我相信創意能帶來更好的解決方案，但也因為，制定一種對世界產生影響的戰略，理當是件令人振奮高興的事。關於戰略的良好對話確實需要所有人的投入，積極參與探索、漫遊和展現差異，但由於你的目的是擬定方案，這種探索需要加以引導。這時，創意的調色盤便發揮作用了。

建立共識或理解的對話：如果戰略對話指的是對探索的投入，那麼建立共識的對話便提供了一個機會，讓群體可以重組並且重新投入既定目標。在家庭和個人生活中，這可能是一些被稱為「家庭會議」之類的事，通常是為了因應大家期望不一致或有人破壞「規矩」的情況。在職場，這可能涉及把一支較小戰略團隊的工作擴大到整個組織。（也可能是家庭會議內容的一種變體：一種旨在追求正確工作文化的談話，或甚至一開始就建立這種工作文化。）

讓你害怕的對話：最後這一類只有你自己能評估，但在許多方面它是最重要的一類。用「害怕」一詞或許有點誇張，但我的目的是要指出，當你想到這類對話，你的感覺和你感覺害怕時的感受非常相似。有時會讓你頭皮發麻，渾身打哆嗦——不好的那種。這表示這場談話讓你感到不安全。也許是談話的對象：他們是否控制了你，或者讓你心生恐懼？你是否發現有什麼不愉快或引起衝突的事？

這些通常是我們最需要進行的那類對話。它們會讓你更堅強，而且往往能加深你和那些你最在乎的人的連結。

不投入

儘管如此，萬一你打從心底不想投入一場對話，那就……不要。

這不僅是為你自己好，而且為了讓談話有成效，這麼做也是好事。以我的經驗，相當大比例的談話之所以會失敗，是因為參與談話的人有一、兩個人並未真正投入談話，但又沒有對自己或其他人坦承他們無法或不願投入的原因。我們或許都有過這樣的惱人經驗，試著提出新建議，卻遭到與會者的反對——我們多數人也都有過身為反對者或懷疑者的經驗，無論你在談話的哪一方，欠缺投入都會扼殺創意和進展，不用說，更會在群體中散播氣餒、矛盾的氣氛。

我鼓勵你思索那些重要的談話，並嚴格要求自己。你的目的是不是為了達成共同的目標？你能不能專注在和你同室的那些人身上？

但有時候，要求投入談話太為難人了——當你感覺不到對方認真對待談話，當你看不到方案，當你感覺不到真誠、支持和安全的氣氛。

選擇**不**投入需要自覺，但也需要紀律。然而，當你察覺到，就算沒有你，事情依然可以順利進行，無論對你或者對談話都是好事一樁。

創造對話：遵守原則

和梅奧醫學中心合作的期間，讓我深受啟發的是那裡的工作人員對病患表現出的高度敏感，以及一致地專注和充滿服務熱忱，不管他們的角色是醫生、接待員、護理師或照護人員。倘若你參觀梅奧，你會發現關於兩個特定原則的證據無處不在：「對病患和家屬表現同情和同理心」，以及「激發希望」。

有一回，我參加他們的新員工到職培訓，會中對該機構的歷史、科學信念以及梅奧兄弟的故事有深入的探討。值得注意的是，所有新員工都參加了培訓，**不管你是拖地工人，抑或某科的頂尖醫師**。每個人都同時被傳授了組織的原則和使命。正是對創始原則的奉獻，使得梅奧的文化顯得如此獨特。

正如所有良好的職場文化——或者就這點來說，所有良好的群體文化，都有它的原則，良好的對話也應該有原則。原則是對於你即將投入的事情的一套計畫。

當我進駐IDEO紐約辦公室，我們首先做的事情之一是和92街Y文化中心舉行一系列名為「破與立」（Break and Make）的逐季公開會談。會談形式很簡單——同一行業的兩位執行長之間的對話。一家公司處於行業頂端，一個正在崛起的組織，另一家是傳統公司，享有盛名，但不見得以嶄新和創新事物聞名。例如，我們召集了時任WW公司執行長的基爾賀夫（David Kerchoff），以及SoulCycle動感飛輪健身房的聯合執行長萊斯（Julie Rice）和柯特勒（Elizabeth Cutler），就如何在新興行業中領先群倫的主題交換意見。那是一場豐富、熱情而真誠的對談。

稍早，我們通過分發給觀眾的評論卡收到兩則令我難忘的意見回饋。一則是：「你們是一群很有創意的人，我不懂你們為何會採用座談會的形式。」另一則是：「真是一場非常有趣的會談，但願有辦法能讓更多觀眾參加。」看來「破與立」從一開始就被打破了。

我們幾個人聚在一起，決定在舉行更多活動之前，我們需要一些東西來調整這些公開對話，不只藉此為活動定調，也能提供一套我們設計對話時的指導方針。

我們需要一套運作原則。

於是我們檢視了一下，我們喜歡的關於「破與立」的東西——例如，參與的機構正努力因應重大崩解危機，但對話絕不聳動。會談十分低調，而來賓也能自在地談論他們面臨的問題。我們喜歡這樣的氣氛，希望能維持下去。

我們的第一個原則是：我們的創造性對話應該給人「謙遜真誠」的感覺。同時也是「破與立」對談精髓的是，舞臺上的來賓應該要彼此協助。因此，我們制定了第二條原則：我們的對話應該要「寬容而有助益」。倘若你加入，你可能會發現對談中的其他人幫你，反之亦然。

但我們也聽見許多批評。會談讓人感覺不夠包容。大家很想參與——光是看人對談太不過癮了。我們決定採用「民主」原則，既要讓人感覺到我們希望誰來參加，同時也讓人感覺到對話的方式。我們認為菁英對菁英的對談相當枯燥，與會的人們也想有機會互相接觸。

這些原則也成為接下來六年的創造性對話的基礎。對話原則的主要目的是傳達談話的調性、氣氛和意圖。談的是團隊的建立？那麼你可以採取三個原則，例如：輕鬆、開放和互動。也許是關於告知員工一個新的用人政策，那麼你可以採取三個原則，例如：莊重、提供協助，加上互動。

為一場對話設定一套原則有助於你投入進而設計對話，但光是列出這些原則並不會讓它們神奇地出現在對話中。它們是對談話的憧憬，而本書所探討的創造性做法將幫助你在談話中實現這些原則。

勇氣與對話

伴隨著投入而來的是勇氣。

當我和學生交談，與客戶合作，在絕望時刻和設計團隊一起努力，我總是提醒他們，有時候他們必須選擇勇敢，唯有如此才能繼續往前走。也許不比攀登珠穆朗瑪峰，但這是一種我們設計對話時格外需要的「日常的勇氣」。投入需要勇氣，而你真的需要磨練勇氣。你越常練習，就越有信心參與你所投入的對話。

我哥哥——一個有著在深夜紋身癖好的廚師，他過世後，我決定接受刺青來做為懷念他的方式。我想把brave這個字佩在胸口，每天都能看見它。我這麼做是為了提醒自己，即使是在日常生活中也需要勇氣。每天早晨在鏡子裡看見它可以提醒我，我將無可避免地面臨需要勇氣的時刻，我不該忘了鼓起勇氣。勇氣不會自動降臨，它需要被教導，更需要加以鍛鍊。人不會生來就有勇氣，那是需要努力去獲取的，一步步往前邁進。

當所有人都告訴你，對話很難，對話機會越來越少，人之間的分歧和差異越來越大，我為本書進行調查時所經歷的卻不是這麼回事。許多人進行著艱難的對談，他們和別人交心，打開通往歧異的大門。而幫助他們做出這勇敢、忠誠行為的因素之一是，創意性地思考對話這件事。

本書的其餘章節是為了幫助你不只鍛鍊勇氣，更能激發勇氣。對話中的創意能讓你從根本上重新思考對話的方式。它能提供你新的工具，新的靈感來源，並找出新的前進方向。在這情況下，我想指出的不是你需要勇氣去發揮創意，而是創意能給你勇氣。

因此還是那句話：**你夠投入嗎？**

中場休息：對話筆記

《時尚》（*Vogue*）雜誌創意總監科丁頓（Grace Coddington）曾說：「永遠要睜大眼睛，不斷觀察，因為你看見的任何事物都能給你靈感。」這是我教學時常引用的一句話。這個世界值得你用心關注。

也因此我鼓勵所有創意人，所有設計團隊，以及任何從事創意探索的人，都要有一本筆記。這麼做的重點不是處理情緒上的幸福感——這不是寫日記。我建議本書讀者考慮寫的是「對話筆記」，這種日誌應該包含三個部分。

重要的對話

這部分主要是列出你認為最重要的那些對話，你決定全心投入的對話。正如本章第一節討論的，這些對話或許在工作上對你很重要，也許是對話的人對你非常重要，對你的職業生涯很重要；也可能是談話中的人覺得對你很重要；它們可以而且應該包括幾個「挑戰者」對話，這類談話中的人和讓你有點害怕的對話中的人很不相同。

靈感

當我進行一場對話，我通常會要求參與者分享幾個他們參與過的、帶來他們想要的結果的對話。信不信由你，這很難。人們會記得那些變質或沒能充分傳達的對話。卻對那些進展順利的時刻沒什麼印象，一方面是因為我們以為這些談話毫不費力。我們必須深入了解進展順利的對話，並且盡可能著手評估，這是怎麼發生的？

筆記的第二部分應該類似寫旅行日誌，或者其他刺激有趣經歷的日誌的方式，但是要把重點放在當天或當週你參與或目睹過的對話上。哪些對話讓你感覺良好、有成效？哪些比較沒那感覺？參與談話的有哪些人，他們的談話風格如何？對話在哪裡進行，環境如何，有哪些具體或不明的規則在起作用？睜大眼睛觀察身邊的各種對話，是要發掘你喜歡的對話的線索，你可能想嘗試的東西，你渴望創造的東西。靈感是創意的來源。

這些事不見得非得要多極端或多驚人，相反地，多看看那些容易發生美好對話的簡單場合。例如，有個我尋找靈感的場合：早餐，尤其外出早餐。我喜歡在早餐會上結識新朋友。

這時工作壓力還沒產生，而早上的郵件通常已經發出。清晨同時也是人一天當中在生理和化學上最傾向於樂觀的時候。這一餐本身就利於營造氣氛和節奏：既便宜又簡單，沒有太多選擇，因此沒有焦慮。點菜前跟人聊聊近況，邊吃邊談手邊的話題，付帳時也算給了某種承諾。這些時刻實際上可以讓我們暫停一下，並且有機會重新設定談話的基礎。早餐的場合通常有足夠的活力和動力讓我們保持機敏，但又相當溫暖而恬靜，能讓你專注在別人身上。

通常我們會在上班前十分鐘結束早餐，不必承受緊接著的壓力，或擔心談話拖得太長。下次早餐時留意一下周遭：會有美好的對話發生在你周圍。觀察對話的情境能讓你找出大量關於對話之所以美好的線索。

你的計畫

當我們打算舉行一場十人晚宴，或者進行馬拉松培訓，或者準備出國度假，或者在工作中開始一個大企劃，我們都會擬定計畫。我們絕不會臨時湊合，走一步算一步。那太可笑了。但這是因為，那都是些我們知道會很困難的複雜事項，而我們習慣為困難的事擬計畫。

如果我們對談話有較好的計畫，如果我們將更多創造性思維投入其中，我們便可找到解答而不會覺得有絲毫勉強。正確的談話創意練習，能在我們最苦惱的關頭帶來驚喜和喜悅的片刻。規劃良好的談話應該能容許更多歧異、更多探索，減少焦慮不安；它應該能讓我們發現更多真實性和更多方法，讓席間有更多聲音；它能提供更清晰的方向。計畫是希望的表徵。

那麼，計畫該長什麼樣子？

談話計畫可以非常簡單：對目標的理解，對潛在障礙的洞察，還有幾種能幫你克服障礙的工具。計畫的成果可能非常重大，但一樁計畫的構成元素卻十分平常。

筆記的最後一部分不是記錄過往的事件，而是規劃你想創造的對話——不妨把它想成畫家的素描本。它們可以是眼前即將發生的真實對話，也可以是你未來想設計的對話。它們應該有個名字——至於原因我們稍後再討論。一套原則。關於參與對話的人的想法。接著是對一個計畫的描述。關於計畫，可以從書中各章調色盤所包含的各種工具和點子中汲取靈感。

chapter 2

創造性傾聽

專注是最珍貴、最純粹的一種寬容。

——西蒙娜・韋伊（Simone Weil）

我母親唯一的弟弟是天生聽障。因此在她童年的家中，傾聽這件事並非人人皆可享有，而當沉默被打破，那是一種特殊的東西，一種恩賜。她的流暢手語使得她的手勢和身體更具表現力。即使當她「只是」在聆聽，她都顯得很活躍，被對方說的話激勵著。她是神奇的傾聽者。她可以憑著最簡單的問題，從那些看似沉默寡言的人身上引出故事來。那麼開放、慷慨而充滿鼓舞，大家總是懷著希望和意願更努力地分享。他們想讓她知道多一些。

在她四十多歲時，她發作了一次嚴重中風，導致身體癱瘓，大腦整個改寫——當時我二十幾歲。傾聽變得吃力，成了一種搏鬥，但依然美好。當我坐下來和她說話，她會捧著我的側臉，就好像她能把我說的話從我嘴邊摘下，直接放進她的耳朵，

我不敢說我一直是最好的傾聽者。倒不是因為缺少機會：我肯定長得一臉善於傾聽的面相，因為在聚會上和街上，常有陌生人跑來跟我說話。然而，長久以來，我太過靦腆、心煩，無法認真聽人說話。如今，也許是因為我事情太多，或只是單純忘了傾聽。

幾年前，我開始注意到，不良的聆聽習慣已滲透到IDEO的某些設計團隊。我看見設計師們花許多時間打字、聽寫來記錄人們說的話，而不是真正聽他們說了什麼。他們缺少眼神交流，錯過許多手勢和其他細微的肢體表達。起初，我要求他們「像母親一樣聽人家說話」。然而，我很快發現，大家和母親的關係太過複雜，不適合拿來做為一種簡略的勸告。

於是我又想起我的母親——分析她所體現的傾聽特質。她是如何使它看來像一種藝術形式，神奇、令人振奮、強而有力。從她身上，我了解到傾聽不是

被動；它是一種探索，一種研究周遭世界的方式，一種能讓你同時深入了解自己和他人的有效能的行動。因此，我了解良好的聆聽所產生的感覺。

但什麼是傾聽？我想把它分解，理解它，使它成為一種可學習的技巧。這不只對我們和客戶的合作而言很重要，它對我們彼此間以及和其他人的互動都極為重要。

要是不建立新的傾聽方式，你根本無法開始對話。所以，該怎麼做才好？該如何從不聽變成聽？該如何從出於義務而聽，變成一種快樂探索的聆聽模式？寫本書時，我決心好好體驗一下傾聽的景致——真誠的傾聽。在本章中，我將分享一些我學到的經驗，希望它們也能對你有所幫助。

我們為何拙於傾聽

你最後一次舉手發言是什麼時候？在演講場合、教室、會議上？你是在大批群眾或者一小群人當中？你的手是高高舉起，還是溫順地靠在胸前，希望別引人注目？

這個從小養成的習慣，可說是我們大多數人的第一個傾聽經驗。老師問了一個問題，你舉手，等別人叫你，然後回答。條理分明又熟悉。「每隔幾分鐘就被打斷一次，很難保持流暢的學習和討論。」一本教學手冊這麼說。舉手的動作和我們對課堂學習的想像是分不開的——用「學童」關鍵字搜索Google，猜猜最先出現的是什麼圖片。即使進入現實世界很久之後，它仍然是一種參與和專注的表徵。

舉手這個習慣值得我們好好研究一下。舉起手來，等著發言，那究竟是什麼感覺？也許你會經歷些微焦慮，或者腎上腺素激增，也許加上一絲恐懼（一些需要公開演說的人常服用乙型腎上腺素阻斷劑，一種降血壓藥，便是為了避免這種真實而具體的情緒波動）。是的，或許還帶有一點微妙又刺激的專注感。

最主要的是，你會感覺到眾人的強烈目光。你的整個意識從全場縮小到自己身上。舉手是一種非常勇敢的行為，但不見得能證明你在傾聽。那是一種你正在等待的訊號。而且，你當下的注意力多半是集中在你意識到自己在等待。

我們一次又一次被告知，要做好一件事，不論是做個好合夥人、好上司還是好朋友——都得先從傾聽開始，然而似乎沒人承認傾聽是件難事。

首先，舉手的例子清楚表明，我們的生理和焦慮會與之抗爭：試圖專注傾聽往往會激發我們迎戰或逃跑（fight-or-flight）的本能反應，血液在我們耳朵裡澎湃，我們的內在聲音淹沒了其他人的聲音。

再者，很難判斷是否有人在聽你說話。我們總以為，當別人安靜下來，在我們說話時朝我們的方向看過來，就表示他們在聆聽。但沉默往往是傾聽最大的錯誤指標。安靜是許多東西的訊號——無聊、睏倦、白日夢、睡眠、分心。這點可以從我們自己身上得到印證：我們都曾坐在某人面前，注視著他們的眼睛，過了幾分鐘後才發現，他們說了什麼我們一句也沒聽到。這時我們會意識到自己太不專心聆聽了。但別人會嗎？

第三，我們談論傾聽的方式讓它感覺像是人際交往方式中最不吸引人、最不鼓動人心的一種：它很艱難（「我們舉行了六場傾聽座談會」），或者具懲罰意味（「我得好好聽他們有什麼話說」），再不然是命令（「聽好了，各位」）。它是一種必要之惡，一種苦差事，一種例行工作。

事實上，整個近代時期可說是對傾聽的一次漫長無情的攻擊。歷史上，我們並沒有太多的注意力競賽。如果你不想聽，就離開人群，遁入寂靜的樹林。回顧一下上世紀中葉，我們會發現，傾聽別人聲音——尤其是周圍人們的聲音，這件事是何時開始轉移的。事實證明，我們不只失去了良好的傾聽技巧，我們實際上重新定義了傾聽這件事。我們把傾聽從一種探索形式轉變成一種消費形式。一切的開端是一種教我們不去聆聽的科技的引入：電視。

一九五〇年代初期，我們把家庭晚餐時間讓給了電視。一九五二年，第一支全國性廣告促銷著電視腳架——一種金屬或木製桌子，裝飾精巧或簡單，有一組折疊桌腳，可以輕易堆放在角落，乍看十分簡單的商品概念。一年後，史雲生（Swanson）食品公司推出配套的電視餐。到了一九五五年，遙控器成了我們家中的配件，而一開始為了避開商業廣告的動作很快讓我們進入了不斷切換頻道的新天地。不起身就轉換頻道不算大創新，一種教會我們分散注意力的裝置才是。我們將一種系統引入我們的生活，讓它在我們和孩子的生活中建立起不良的傾聽行為。

如今，當我在人們家中做調查，有意思的是我注意到餐室的功能轉移。就像兒時的心愛舊玩具，餐桌往往被忽視，不然就堆滿報紙書籍、郵件或剛洗好的衣物。許多人把餐桌當成書桌。餐室這個以前用來坐著用餐、和家人朋友閒話家常的地方，在今天的美國家庭中已嚴重退化了。

隨著電視在家庭中的日益普及，電視節目也越來越創新。一九五二年，政黨全國代表大會首次在電視上播出。一個名叫華特．克朗凱（Walter Cronkite）的年輕記者為哥倫比亞廣播公司（CBS）報導整個過程。後來他不只成為晚間新聞主播；他是我們每晚的精神支柱，甚至是一個比我們的父親更有存在感的父執輩。隨著電視節目的擴展，它和我們彼此間的關注有了更激烈的競爭。事實上，在一九五七年，英國被迫結束了「幼兒休戰」（toddlers' truce）時段，也就是為了讓做父母的可以送孩子上床睡覺而不會錯過電視秀而設立的，晚間六到七點間的節目空白時段。

在電視黃金時期建立起來的一些行為，創造了許多我們如今習以為常的注意力和聆聽模式。考慮正常。孩子們在這種永不停歇的背景噪音下成長。一心多用（multitasking）已成為人自覺學習的行為，而娛樂則是被動參與的一種獎賞。我們盯著螢幕睡著，還沒完全清醒就把它打開；結果是，如今令人不安的新聞內容成了我們每天第一眼和最後一眼看見的東西。在我們的調查中，當我們問人們都是在哪裡以及如何聽到最新的新聞報導，他們根本說不上來。新聞就在那兒，沒有來源，持續不斷。我們自願選擇了分散注意力。

為何主動傾聽解決不了問題

有一種廣為採納的傾聽技巧，名為「主動傾聽」（active listening）。從精神上看，立意良好，但實行起來卻毫無作用。

主動傾聽最早可追溯到一九五〇年代，當時心理學家卡爾．羅傑斯（Carl

Rogers）提出一個如今看來很基本，但在當時十分新穎的想法：個人中心治療法（person-centered therapy）。他的理念是，普遍的心理健康理論忽略了個人的根本獨特性。因此，這種新的治療做法以一組沒有限制、輕度引導的問題為基礎，這些問題會促使患者進行自我分析。

這種透過傾聽來幫助說話者說出心裡話的想法，對說話者當然是一種助益，但它會減弱聽者得到的衝擊和愉悅。這種「主動傾聽」的形式通常是做為一種領導力訓練來教授，更普遍的是，它是人力資源管理的常規。主動傾聽能表達尊重，看似投入，最重要的是，它很安全——只因為你在傾聽，並不表示你同意或甚至投入。

有個來自某線上論壇的小秘訣：「如果你覺得很難專心聽對方說了什麼，試著在心裡默唸他們說過的話——這會強化他們的訊息，幫助你保持專注。」唉。

某重要商業雜誌在報導主動傾聽時提出一則告誡：「儘管一些鼓勵的積極話語或許對說話者有益，但聽者應該謹慎使用，以免偏離進行中的談話，或者過度強調了部分訊息。」真的？文中建議使用「嗯」或「繼續說」，以便鼓勵對方說話，同時又不會讓對方以為你贊同他們。

當然，開放、投入和不加評斷的想法是正確的。但事實上，我們又回到課堂上舉手的時刻，假裝投入，其實只是在等待。的確，主動傾聽的做法是如此著重於激發說話者的變化，以致忽略了一個事實：傾聽是聽者的一種學習行為。

這種新的羅傑斯療法以一組不設限、輕度引導的問題為基礎，促使病患進行自我分析，過程中只加以鼓勵。

這是如此簡單、遞迴（recursive）的結構，它實際上成為最早的以語言為基礎的電腦介面之一的模型。一九六〇年代中期，麻省理工學院建造了ELIZA，一臺以羅傑斯技巧和人類參與者對話的電腦。（它的名字顯然是來自劇作家蕭伯納劇作《賣花女》主角，伊萊莎．杜立德，一個學會了得體英語和禮節的倫敦窮女孩）。舉個例子：

我是心理治療師，請描述你的問題。每次講完後，鍵入RET兩次。

我心情不好。

你經常心情不好嗎？

是的。

你能詳細說明嗎？

工作太多。

為什麼你說工作太多？

我工作很吃重。

剛才你說你心情不好。

是的。

請繼續說，不勝感激。

唉，我不知道該怎麼辦。

也許這和你的計畫有關。

不，無關。

別怕，繼續說。

我很沮喪。

是什麼原因讓你沮喪？

在我小時候，我家的第一台電腦裝有ELIZA。我和幾個朋友常在下雪的午後窩在芝加哥市區的家中，努力想讓我們的「心理治療師」表現出一點情緒起伏——任何情緒變化。當然，從來都沒成功過，多數時候我們會在沮喪中忿忿地關掉電腦。ELIZA是一種演算法，一個預建的劇本，我們當然無法影響它的思維。ELIZA只是在模擬傾聽。

ELIZA的例子感覺像是一種滑稽模仿，可是它相當接近目前我們在職場和生活中奉為圭臬的主動傾聽的形式。

但是還有另一種傾聽方式。一種可以帶來喜悅和新發現、在傾聽者和說話者之間建立起連結的傾聽「練習」。有一種充滿探索性的傾聽方式，而且，只要我們願意，它會讓人感覺更有人味、更自然、更有趣。我稱之為創造性傾聽——藉由導入講述精采小故事的想法，談論八卦的樂趣，加上偶爾不那麼專注地傾聽，我們可以引入思慮和觀察，進而從事各種類型的對話。

不花腦筋地傾聽

好，那麼該如何重新學習傾聽？這裡有個起頭的方法：做點完全不相干的事。

我來解釋一下。

我的朋友兼同事貝絲會告訴你，她曾經有傾聽問題。不是因為她不聽，而是，和許多人一樣，她聽得太快。她總是，或有這感覺——在每一次談話中搶在說話者前面。她會打斷別人說話，「我知道你要說什麼……」

值得稱道的是，她了解自己的「傾聽問題」，用各種方式克制自己，即便如此，她發現自己老是在等待，沒插嘴，但依然只是在等著輪到自己說話。

然後她喜歡上編織。

這是時機問題，貝絲發現自己受到嬰兒潮的衝擊，她的朋友都在生小孩，而她決定為每個新生兒織一條毯子。直線上升的懷孕人數意謂著她的編織時間逐漸從在家裡延伸到飛機上，最終到了工作場所。貝絲開始在公司會議上織毛衣，突然間一切都變了。

對其他與會者來說，一開始有點不安。編織是一件「居家」事務，在工作環境中感覺有點怪。但是，當我們習慣了會議桌上的毛球和編織針的輕柔撞擊聲，好處就顯而易見了——順帶一提，這比敲鍵盤的聲音好聽。貝絲在聆聽，而且其實她是用另一種方式在聆聽。緩慢而規律的編織改變了她參與的節奏。她不插話，仍然會補充幾句，但當她這麼做時，態度是沉靜、思慮周到的，近乎安詳。

我們發現——貝絲發現，沉思中的重複動作有種力量，可以建立一種覺察的（mindful）傾聽方式。南西．奇克（Nancy Chick）在她的《塗鴉和編織》（*Doodling and Knitting*）一文中指出，這類覺察的工作和一心多用恰恰相反。她引用了一項關於塗鴉的調查研究，該研究顯示，比起做筆記的人，塗鴉者所能夠回想起的人家說過的話多出將近三成。貝絲所施行的這種在會議上編織的覺察傾聽方式，讓她對席間的對話保持留意，儘管表面上看不出有「主動傾聽」的常見信號。

這種覺察傾聽在歷史上屢見不鮮。碰巧我最近和新墨西哥州的藝術家、設計師、前州歷史學者艾斯特凡．里爾加爾韋斯（Estevan Rael-Gálvez）共進午餐。就像現在，我們談起了對話這件事，尤其是本土社群中的重要談話、重大決定，當然，還有傾聽。

後來我們又會面，他答應帶來一些我可能會感興趣的歷史文物，當地部落長老對話的照片。我本以為會看見一些正式集會的照片，但他帶來的東西令我大感意外。他給我看了兩張老照片。一張是幾名年長女人坐在泥地上剝玉米，另一張是幾個年長男人坐在門廊的直背椅上，眺望著村莊。他解釋說，在他看來，部落長者之間最有意義、思慮最周全的談話往往發生在不花腦筋的日常瑣務當中。部分心思放在手頭的雜務上，關於重大議題的對話以悠緩、深思熟慮的方式進行著。他描述的正是「覺察傾聽」。

當時我驚覺到，其實我們一直了解如何用心傾聽，但我們老是欺騙自己。我們用一些感覺不花腦筋，實際上需要集中注意力的工作，來代替像是編織、剝玉米和塗鴉這些不花腦筋的動作。我們欺騙自己，發簡訊、在電腦上用Google搜索、敲鍵盤是不花腦筋的，我們仍然可以聆聽。當然實際上恰恰相反。或許這種雙手忙碌時的記憶力，是只有當我們的注意力和手上的器具脫鉤，才可能記得聽到了什麼。

醞釀狀態下的傾聽

「如果上帝曾經說話，那麼上帝仍然在說話，而且會一直說下去。」

這也是我第一次參加貴格會教友集會的感受。在布魯克林會議室，所有舊實木軟墊長椅都互成九十度角排列，讓所有信徒面朝內。我進去時和我握手的女人把這地方稱作避難所。這話讓我很想轉身離開——我可不想闖進人家的避難所。不過，當我習慣了舒適的長椅，沐浴著巨大木窗玻璃灑進來的溫暖冬陽，也稍稍安下心來。

貴格會的宗教和社團有很大部分有賴於真實、當下的投入。在該教會的歷史中，他們很少使用書面契約，而是藉由社區事務會議來解決問題，整個團體必須達成共識——透過傾聽進行的一種測試。這麼做需要耐心和專注，口才與毅力。也難怪五百年來貴格會發展出了一套嫻熟的傾聽形式。

集會開始時，有些人選擇閉上眼睛，有些則環顧周遭或仰頭注視。肢體語言既非冥想，也不是祈禱，但很專注。角落裡一個穿紅毛衣的漂亮女人身體前傾，眼睛睜開，手托著下巴，有如羅丹的《沉思者》雕像。一對看來像舞者的迷人灰髮夫妻，以同等的專注偏著頭，好奇的狗會有的那種歪頭姿勢。人們在傾聽著自己內心的聲音。

我原本不安的心進入被動狀態。我讓陣陣沉默、窸窣響和輕咳聲掠過我全身。漸漸地，我的心思從想著傾聽這件事，轉變為真的傾聽。在我做為設計師的工作中，我把這視為一種解放時刻——當試圖傾聽的最困難部分全部消失，我讓自己**深入傾聽**。

我聽得太專注了，以致當終於有人開口說話時，我嚇了一跳——這時一小時的集會進行了四十分鐘。我睜開眼睛，看見一名穿紅色法蘭絨襯衫的男子。他說了一小段話，大家凝神聽著，就和之前聽自己內在的聲音同等專注。

他坐下後，場內安靜了片刻，才有另一人開始談論同一個話題，接著又有另一人。用貴格會的術語來說，這是證言，在座所有人都是證言的見證人。有時證言十分簡單，不需要任何回應——例如，在這次集會中，那個穿紅色法蘭絨的男子要求我們向當週在華府舉行的一場反槍械遊行的人們傳送祝福。很有心，但要求的行動極少，只需在場的人點頭表示贊同。然而，歷史上的證言也有相當重大的——例如，某次集會曾發出一項證言，決定不積極遊說人們皈依貴格會，而這是長久以來貴格會教友努力想尋求其真實性的證言。畢竟，一旦接受這一證言，最終將導致該教會的衰落。

後來，我試圖解析這種傾聽法，而它似乎可分為三個不同的部分。首先，我們被告知要練習傾聽自己，聽我們內在的聲音。最初那三十分鐘左右的沉默實際上並不沉默，而是傾聽自己思維的流動。第二，當有人起身發表證言，我們便在傾聽自己內在聲音的同時，集體傾聽著那人說了什麼：**我所聽到的，和我自己的內在聲音有什麼關聯？**第三，依照貴格會的傳統，我們應該要傾聽第三種聲音，也就是「上帝的聲音」。當你把自己的聲音和提供證言者的聲音相融合，接著便要尋求上帝的指引。這是一種非常精妙的傾聽練習，沒有「嗯，繼續往下說」之類的東西。

有趣的是，這種傾聽訓練和當今心理學對創造過程的研究不謀而合。對創造力的研究通常會得出四個階段：準備（preparation）、醞釀（incubation）、豁朗（illumination）、驗證（verification）。醞釀期的定義是：認知相對低的片刻（亦即大腦沒有被複雜的思維或行為所占據的片刻）。研究顯示，許多重大的新構想、創意點子或突破性的時刻多半是在醞釀期之後產生的。我們都有過這樣的經驗，在淋浴時突然迸出一個絕妙的構想。

這是因為，很多重要的東西都發生在這些**所謂低認知的片刻**。首先，我們看見相關記憶的活化：當你靜坐片刻，你的大腦忙著把眼前的問題或議題拿來和過去的類似經驗、情況或模式相匹配。常被我們稱作本能或「相信自己的直覺」的東西，實際上是一個複雜的記憶庫：我們儲存的記憶越多，我們的直覺就越可靠。

第二，也更有意思的是，我們可能實際有過，但欠缺相關記憶的構想、模式或解決方案逐漸失去說服力。醞釀期實際上會削弱不當解決方案的激活。我們都曾是「當時似乎是個好點子」，結果大失所望的受害者。醞釀狀態下的傾聽是在要求我們不去行動。

在這種低認知狀態下，大腦所做的最後一項工作是，它開始放鬆關於一個解決方案或構想該是什麼樣子的強制性規則。這具有直觀上的意義。你越是認真看待一個問題，你就越可能對它的解決方式提出一套規則。由於沒有積極投入問題的解決，這些規則也就隱而不顯了，而這實際上讓你有機會去質疑這組規則的合宜性，就像你一直在質疑各種潛在解決方案的合宜性。事實上，貴格會的傾聽練習是一種「強迫醞釀期」。喬治·巴本德里歐擔任希臘總理期間也有類似的做法。內閣會議往往難搞而又令人不快，因此他決定在每次會議開始時，先讓他的閣員觀看一段TED演講影片，或者其他長度相仿的片子。當我問他如何挑選每次會議前要播放的內容，他答說：「內容是什麼不重要，重要的是他們聽。」事實上，他為強制醞釀期提供了舞臺。說得更明白些，允許團隊在創作過程中擁有數小時或數天休息的組織，通常會得到更富創造性的成果。

因此，創造性傾聽的第一條，也是最重要的，或許也是最難的一條守則是：讓話語或沉默像一陣雨或淙淙溪流聲那樣掠過你。順其自然，只是任自己沉浸在別人說或沒說的話語當中。這些強迫醞釀期的片刻能讓你發現自己內在的美好，但更重要的是，你或許能發現別人身上的美好。

進入說話者的世界

傳統上，人類學者會和受測者共同生活很長一段時間，因而成為那些社群的參與者，這讓他們有機會了解它們的真正運作方式，獲得真實深入的觀察。建築，我所從事的設計實踐，對於研究觀察人們在空間中的互動的幫助，更勝於直接詢問人們對空間的看法。就是所謂用身體傾聽。

這麼做的目標是，發現一種我們很難光從人們的談話中收集到的真相。我們在IDEO常使用這種參與式傾聽（participatory listening）。我們的工作通常是從一系列面對面訪談開始，而這些訪談都是在我們設計的背景下進行的。所以，如果我們研究的是消費者的財務行為，我們會和他們一起處理帳單。如果我們進行的是教育企劃，我們可能會加入課堂，和一個學生一起做家庭作業。我曾經觀察、詢問一些在豪華飯店客房工作，或者在擁擠的醫院病房內休養的人。我最喜歡、也最簡明的例子之一是對一位年輕女子的訪談，她是一所我們受雇的大型大學的學生。根據這所大學收集到的數據，該校學生幾乎不看書。坦白說，校方擔心，學校的課程必須整個重新安排。

我們受邀到這名女學生的住所，直接問她：「妳看不看書？」

「什麼？不，從來不看，我根本不愛看書。」

因此，數據是正確的。學生不看書。

訪談繼續進行，但後來，當我們結束時，她帶我們參觀公寓。我們通過她的臥室，詫異地發現房間牆邊擺滿了快被書籍重量壓垮的書架！《暮光之城》系列，《飢餓遊戲》，《南方吸血鬼》系列。真的，看來所有關於狼人和吸血鬼做愛的系列小說她都看遍了。

「咦，等等，妳明明看書的呀。」我們指出。

「只是些沒營養的東西。」她顯然很難為情。「不能叫看書。」

之前她告訴我們她不看書，因為她讀的那些「沒營養的東西」不符合她假定的，我們提到看書時會有的意思。要是沒參觀她的房子，我們永遠不會發現她所閱讀的書籍類型，而這影響了我們未來推動這項工作的看法。結果證明，這些書的長篇連載性質成了設計有趣引人課程的一個絕佳範本。

用身體傾聽、融入環境的力量如此強大，正是因為它消除了傾聽的最大工具之一，以及偏見的最大可能性：問題。當我們陳述問題，往往把它當成田野調查那樣發問，我們自認會看到的模式，或者我們希望看到的模式，開始滲入問題中。在這種情況下，問題可能成為真相的敵人。

質問也可能是不耐的表現：你喜歡這樣？你會這麼做？你這麼認為？為

什麼？為什麼不？這些問題要麼質疑說話者，要麼催促他們繼續說，而兩者都極度缺乏成效。當蘋果的賈伯斯說「別問」，其實他的意思是別問消費者，因為他們不知道。當我不得不說「別問」，多半是因為，和我共事的創意團隊自認已經知道他們所提出問題的答案。

傑出醫生、社運分子保羅・法默（Paul Farmer）敘述了另一個闡明參與式傾聽的力量的精采故事。幾年前，他和幾個同事致力於消除一種海地兒童感染的致命瘟疫。他們很快發現，這種疾病是接觸、攝入老鼠皮屑引起的，他們認定這是因為村莊房舍衛生條件太差。但後來保羅在染疫的村莊裡待了一段時間。多數房子相當乾淨，這是女人們引以為傲的。有天早上，他觀察著，看見媽媽們準備煮粥，奶奶們拿起柳條掃帚。就在這一刻，他找到了瘟疫的真正原因。村民們太愛乾淨了，以致早晨的清掃工作把塵埃、細菌和老鼠皮屑直接攪進了他們的早餐。

用身體傾聽需要我們動用所有感官去聽，需要我們放慢腳步，最重要的是去了解當下，以及你和你正在傾聽的人的處境。

別只是觀察周圍的環境，還要置身其中。看著說話的人，試著去看、去感受他們的感覺。他們的身體在說什麼？有沒有肉體線索足以顯示他們所說的話有更深層的意義？要留意人家說的話以及實際發生的事之間的差異。

在這些顯著的矛盾中，我們會發現更重要的模式和真相。

請對方講故事

事實是，只要是我們想聽的，我們就會聽。而精采的故事是我們絕不會放過的。問題是，擅長講故事的人不多，但如果你了解精采故事的要素，就可以幫助別人說出來，在談話過程中讓他們成為主角。

重點不在多數人不會說故事，而是有個秘訣可以讓人們說出精采故事。

想想你認識的某個說故事高手，這人懂得如何描述強而有力的故事，故事的長度恰到好處，從頭到尾緊抓住你的注意力。對我來說，就是我母親的祖母。小時候，我常到我曾祖母位於南印第安那州的農場待上數星期，甚至更久。她和我幾乎整天在一起，但我總也不厭倦。某天傍晚，我們坐在木鍬韆上，她對我說了以下的故事。

二戰期間，她在鋼鐵廠上夜班。有天早上，她下班回到農場的家，開始步上塵土飛揚的車道。當時太陽剛升起，想到要花幾小時為農場的男人們準備早餐，她就渾身發疼。

突然間，她看見一樣東西出現在地平線上。

故事說到這裡，她舉起雙手，將一根拇指對著落日。「緩緩地，」她說：「那東西從天邊朝著我過來，擋住冉冉升起的太陽。」她把雙手移向我，遮去更多太陽，一邊往下說：「它越來越近，不久我看見那是一個穿著藍色長袍的身影，低頭看著我，對我微笑。最後，這個身影距離我很近，飄浮在幾呎遠的地方，但沒有再靠近。他露出微笑，我因為目睹耶穌就在幾呎外，一顆心怦怦跳個不停。我眨眨眼睛，揉了揉，他就不見了。」她朝著太陽張開雙手。「那天我累極了，比平常更累，然而我擁有空前強大的力量和意願去完成日常家務。」

這故事成了我的最愛。我要她一遍又一遍說給我聽，直到我熟記在心。我曾祖母是個極為虔誠的人，一個真正的基督徒。她相信自己看見了上帝，上帝鼓勵她把該做的事做好。我是不可知論者，儘管我和她不曾有過共同的信仰，我相信對她來說，那是一次深刻的體驗。它感動了她，塑造了她日後的行為。而這反過來感動了我。我在她的經驗中看見了真實，即使那不是我的經驗。這故事是如此充滿人性，如此真實，以至於我接受了它的表面價值，無視它並不符合我的信仰形態。

想想這個故事，它確實包含了做為精采故事的四個要素：它是親身經歷；它很簡短；它很不可思議；它很易於理解。

但我們知道也有其他類型的說故事人。他們東拉西扯，他們提供了太多細節，與其說是講故事，倒比較像在敘述事件。身為聽眾，這是你出手救援的時候。當你要求聽故事，記住精采故事的簡單公式，並給說故事的人一些提示。

當有人努力想和你分享他們的想法，為了能用精簡的方式加以總結，將談話從他們想的、做的或相信的，轉換成他們感受的。具體來說，要他們說個小故事給你聽。要他們藉由分享一段生動經歷，來驗證他們的看法。所以，下次當你聽別人說話，而他們很努力解釋自己的觀點（卻徒勞），下次當你發現對話很吃力、具爭議性或令人費解，停下來，問他們能否給你講個故事。同時也提供他們指導原則。要他們描述一段不可思議的經驗。通常這也就夠了。

在更複雜的情況下，或者在你需要更多細微觀察的情況下，就針對故事類型提出更多要求。要一個癌症病人「講個關於化療的有趣故事」。要一個有錢人說說他最後一次感覺貧窮的經歷。問最近失去親人的人，死亡最讓他們詫異的事是什麼。如果你夠勇敢，問他們死亡最有趣的一點是什麼。

給說話者一個有趣的框架能幫助他們說出更有趣的故事。幫助別人講精采故事是一種互惠行為。它讓說故事的人成為主角，並讓你——聽者，對說話者以及他們的世界獲得更好、更持久的深刻觀察。

勇於批判

想聽八卦？想聽秘密？說到我們最愛的故事類型，我們喜歡專屬於自己的東西。我們抗拒不了流言蜚語，聽得津津有味、興奮不已。我們是凡人，我們很沒安全感，我們喜歡聽一些別人不知道的事。

然而，往往欠缺內容和形式的八卦，卻是任何對話的正當基礎。

一個專門研究「利社會閒話（prosocial gossip）」觀念的新興調查機構指出，偶爾聊些閒話實際上可能對我們有益。這個理念是，在某些情況下，八卦能幫助我們找出誰可能是我們當中的掠奪者，幫助我們識別行為不良者，進而建立起我們認為應該成為群體的共同規範基礎的東西。

某個悶熱的午後，我在亞馬遜叢林裡目睹了這過程。我遇見一位六十歲的女農夫。有人告訴我，她是一個曾經制止了社區內家庭暴力的社運人士。她的武器：八卦。

坐在她的芒果樹下，我問她是怎麼做到的。她告訴我，以前鎮上的母親們每天早上都會聚集在一起，分發牛奶給村裡的孩童，來響應秘魯營養運動。當然，她們也會聊八卦來打發時間。透過這些談話，她不僅查明了家庭暴力問題的範圍，還找出社區中的大男人——那些最狂妄自大的男人，最有男子氣概；最自負的男人。

（我們發現類似於#MeToo運動的情況：長久以來，女性在自己的「耳語網絡」中談論名人和一般男人在性方面的不當行徑，以及她們遭受的襲擊和騷擾。這是#MeToo的縮影，小範圍的。）

她去找這些「大男人」，和他們一對一交談。她沒說「打老婆或女兒是不對的」，她知道這改變不了他們的行為。相反地，她小聲說起村裡其他有毆妻惡名的男人：「“Qué gallina, ¿no？」意思是「真沒用，對吧？」。或者更準確點，「真是孬種。」打女人很差勁，打女人很懦弱，她刻意利用自尊、羞恥和恐懼的深層文化結構，在某種程度上，她改寫這些男人的最高指令，把它導向反虐待擁護者。流言傳開，訓誡生效，暴力平息了。簡單到令她發笑。

那麼，這種談話模式如何能教我們成為更好的聽眾？流言之所以如此強大，正是因為它是一些事實以及我們——個人、社區或群體，對這些事實的感受的混合體。流言要求聽者做出批判，在聽到的事情上加上一層對或錯的評斷。傾聽關係到判斷，關係到聆聽別人的判斷。

換句話說，你大可在傾聽時加入自己的感受，對自己聽到的事做出情感和認知上的回應。這是人之常情。但隨著我們越來越善於創造性傾聽，不斷反思、質疑這些感覺和判斷是很重要的。你尋找的不是反應，而是一點知識，或者一份能讓你繼續前進的真實感。

創造對話：牢騷晚餐

接著我們要討論，如何將創造性傾聽的原則——故事、八卦、醞釀和觀察，加以結合，好讓我們可以設計各式各樣的對話。

在創意、策略領域和企業界，有一種常見的做法，叫做焦點小組（focus group）座談。你可能聽說過，或許還參加過。不過，我還是解釋一下它的基本運作方式。

基本上，這是一種市調方式：把一群人聚集在一室，提出一項產品、服務主張或點子，讓他們討論它的優缺點，他們是否願意購買或者推薦給別人，等等。場地通常是一間簡單會議室，裝有雙向鏡，讓受試者看不見市調人員。參加者可能是某個特定類型的「消費者」——五十二到五十八歲的更年期婦女、新手父親等等。

問題是，焦點小組座談存在嚴重缺陷。表面上，讓人們聚在一起談論自己喜歡或不喜歡什麼，似乎是很好的調查方式，但實際上所得到的結果很不可靠。八到十二個你花錢請來的人共處一室，談論他們喜歡或不喜歡某樣東西——這種架構就人際互動來說是極不自然的。

意思是，你會得到各式各樣的錯誤訊息。因為這麼做等於和一些根深柢固的人類天性搏鬥。首先，隨和性。做為社會人，當著別人面說我們不喜歡某樣東西會令我們不自在，我們喜歡客氣點。我們會說：「我喜歡，我真的很有興趣，我可能會買。」因為我們知道這是人家想聽的。

第二，害怕批判。我們總希望那群陌生人會喜歡我們，回應提示時也總是牢記著這點。我們會說我們獨處聽古典音樂，而不是賈斯汀．比伯的歌。

第三，我們天生樂於融入一般標準。我們會盡力突顯一個群體的共同特性。我們會一致說自己不介意換尿布，或者一致說自己有多討厭換尿布，全看當時的新手父親團體是什麼標準。

不自然的社會架構和人際互動會造成不自然的動態，當人們努力順從，他們會說一些違心的話。他們只是在玩角色扮演。我們可以聽一整天這類對話，仍然得不到我們想發掘的真相。然而，客戶還是不斷要求做焦點小組座談。我們陷入了兩難：客戶需要這些座談來相信我們的調查，我們自己卻不相信它們是可靠的深刻觀察。

於是我們用紅酒，大量紅酒。

我們必須化解人們在這種不自然狀態下的拘謹，而要讓他們放膽，喝酒是最簡單的方法。同時紅酒也向參與者發出別的信號：這是社交場合。

我們不僅用紅酒，還遞上漂亮的請帖，告訴人們他們將遇見一群「志同道合」的人，讓他們知道參加者的類型。我們在社交時段把他們放入社交場所：酒吧包廂，餐廳桌位，照例在下午六到八點之間，先讓他們閒聊幾句，消除陌生感。我們稱這種聚會叫「牢騷晚餐」（Whine and Dine）要他們吐苦水：銀行存款，馬不停蹄的商務旅行，不知多少次滯留在哥倫比亞回不來。盡量抱怨。我們不只拿掉批判的污名——我們還要求他們批判。

我們的設計師和他們一起圍坐著餐桌，或酒吧包廂，或客廳裡，喝著紅酒（也許沒有其他參與者喝得多），傾聽著情緒的高低點。

我聽過許多發生在牢騷晚餐上的出色故事。某次，一位母親告訴同桌的人她如何替上大學的孩子籌學費。其他女人立刻準備做筆記，我們也一樣。我們知道錯不了，因為我們看見整場談話的情感弧線。結果我們對他們儲蓄習慣的了解幫助我們替美國銀行建立了該行最成功的金融產品之一。參加座談的人也都很喜歡。當牢騷晚餐結束，參加者常會寄來感謝函和電郵，謝謝我們邀請他們參加聚會。

牢騷晚餐是一個幾乎包含了所有創造性傾聽元素的對話例子。我們要的是邊喝雞尾酒邊聊簡短有趣的故事，沒人做筆記。這種活動是在下班後喝酒，談話比較像閒聊，而不是分享對產品或服務的見解。旁聽那些看似八卦和不拘禮的閒聊，能開啟洞察力的門扉。任由談話聲流過我們全身，觀察動態一如傾聽話語，接收巨大的洞見而非印證自己的偏見：比較像比伯而非巴哈。

為何要傾聽

事情是這樣的，我一直以為我母親生來就是出色的傾聽者，她用自己的關注照亮人群和全場的能力就像天生的畫家或數學天才一樣自然和幸運。但是，當我研究和思考創造性傾聽，我發現有些東西是我早該看出來的——在她中風後我去陪伴她，看著她努力遵循著最基本的對話弧線的時候。

創造性傾聽不會平白發生。這確實需要很多努力。主動傾聽的重要性就在這裡——只是要注意別努力錯了方向。因此，這不會讓傾聽一下子變得容易。而是讓傾聽更好、更有成效，而且往往更有趣。

這裡是練習創造性傾聽的方法：下次，當你聽見有人說話，學著放開你的批判思維，讓對方的話語淙淙流過你全身。留意浮到最頂端的是什麼。下次，當你面對一個你無法理解他觀點的人，請他說個故事。一個能照亮他們的生活的故事，會讓你驚喜，或許也會讓他們自己驚喜的故事。下次，當你聽見一些你不贊同或困擾你的事，感受一下你的批判，理解它的來源和含義。下次，當你和一個生活背景跟你完全不同的人在一起，順著他們，問能否讓你加入他們的生活，看看會如何發展。

順便一提，你不需要在每次聆聽時把創造性傾聽的所有工具全部用上。

但如果我們傾聽——真正專注地傾聽，我們將從我們一直以來進行的老實說相當無趣的聆聽方式解脫出來。我們將不會只是不耐地等著自己已經知道或相信的東西。我們將不會只是為了說話者好而傾聽，而是為了自己。我們將從人們說的話，或者他們說話的方式當中發現一些東西，而這些東西能改變我們，或者幫助我們解決自身的問題，或者啟發我們產生新想法。

我從學著像我母親那樣傾聽當中學到一件事：它解決不了所有問題，但它確實會讓一切變得更有趣。

中場時間：對話亮點

在中世紀，早在印刷機出現之前，就已經有了彩繪手抄本，抄寫辛苦但精美絕倫的手寫文本。有些屬於宗教性質，有些描述宮廷軼事，而貫穿整本書的是許多叫做「illumination」（彩飾、照亮、闡明）的小插畫。

這些插畫很重要：當時識字率很低，這些附帶的插圖能引起無法閱讀者的興趣，並為那些能閱讀但仍然需要指點的人提供導引和援助。當我在大學裡研究中世紀手抄本，戴著布手套小心翼翼一頁頁翻閱，那些迷人的小插圖總令我雀躍又驚喜。

之前我提過「要求聽故事」的做法，但是讓我們再深入點談。

想一想能像這些簡單可愛的小插圖那樣，幫助別人更全面地了解你的故事。在交談當中提供這種闡明時刻，對於人際交流和連結的能力是不可或缺的。這些時刻能讓別人對你有深入觀察，最終為同理心的建立提供基礎。

要對方說故事對你很重要，但同等重要的是，你要盡量把故事說得精采。我喜歡把這類故事叫做「亮點」（illumination）。它們不是按時間順序逐一描述事件的每一刻，而是能捕捉一段記憶或經驗的精髓、簡明扼要且高度濃縮的敘述。換言之，它們能勾勒一幅勝過千言萬語的圖像——它們被用心地陳述出來，帶有承載意義、吸引人甚至透過照亮人類經驗的某個面向來教育人的功能。

多年來，我一直與設計師和客戶合作，藉由這種方法幫助他們闡明工作、信息、理念和設計原則。我試著把它運用在工作上（包括寫作本書），當然，以及和他人「進行」對話的時候。當我將最重要的生活經驗轉化為精采故事——光，總是會遵循四個原則：

一、亮點故事應該要簡短

也許曾經有人在你面前講故事，故事迂迴曲折，包含了發生的所有情節。

你自己說不定也是。當我講故事時，常突然發覺自己一講就十五分鐘。我了解到那根本不是故事，而只是在敘述自己的生活。如果你需要發洩或紓壓，這倒也無所謂，但是在對話和談話當中的故事必須簡短、精簡，並且語意清晰。

這些故事有個目的：分享你的生活和世界觀。所以，先看看你經常說的一些故事，想想如何把它們編輯得更精簡。試著把十五分鐘的小品變成三分鐘的故事。

二、亮點故事應該能激起情感回應

這很重要。亮點故事應該喚起聽者的情感，讓他們清楚你的感受。我最喜歡的故事通常是有趣的。我發現人們往往會記住有趣的事，起碼他們會樂於經常聽這類故事。

但它也可以悲傷，也可以傳達苦難。什麼都行，只要能讓聽者理解你以及你的感覺。只要問自己，故事中瀰漫的是什麼情感，便很容易定位它的情感類型了。當你回想你經常講的故事——或者你自認特別能突顯你、你的價值觀和生活的故事，首先要確保它們有個情感核心。如果你無法一眼看出故事的主要情感，那就深入挖掘。

三、亮點故事應該在結束時開始

開始講故事之前就該知道它的結局。我們常以為，為了讓聽者折服，我們必須把事情描述得很完整，或者把故事帶向高潮。這等於聽別人敘述他們分分秒秒的日常生活。非常無趣，也談不上是亮點。

故事總要結束，而亮點故事是結束在你有所領悟的一刻，而不是你完成某件事的時候。找到自己故事中真正有啟示性的部分，讓它成為故事的終點。

四、亮點故事應該有個啟示性的轉折

我們印象最深刻的故事往往有個帶有驚奇或啟示意味的故事核心。「這就是為啥沒人找她買樂透！」「哈，我就知道他不該喝那杯雪利酒！」

我們之所以搶讀《暮光之城》、《黑鏡》，並且為之癡迷，是因為我們喜歡驚奇，喜歡故事大逆轉。上面的若干元素能幫助你學著尋找轉折點。在故事完成前結束它；在故事豁然開朗時結束它；在故事的情感突然從悲傷轉為有趣、從有趣轉為恐怖時結束它。找到你的轉折點，讓它成為你的故事終點。

我說過的關於我曾祖母的故事包含了所有這四個元素。首先，它很短，我到今天都還不斷複述，只花一分鐘就說完。第二，它傳達了多重情感——疲憊、失落和希望。第三，她很清楚該在哪裡結束，而她的啟示有如一記重拳：「是耶穌！」這就夠了。

距離初次聽這故事四十五年了，至今它仍然縈繞在我心頭，因為它照亮了我曾祖母的某些特質——她的信仰，她的全心奉獻，以及她對於自身工作是獨特的這點的信念。

在可能發生摩擦或缺乏連結時使用亮點故事來幫助人們理解你。當你覺得有必要建立情感聯繫、讓別人深入了解你為何會有某種感受時使用亮點故事；在你需要克服差異的時候使用它們。分享這類故事能幫助你完成那些讓你畏懼的對話，也能幫助別人了解你。

chapter 3

明晰

當我們學得新字彙和新概念，接著開始隨處見到它們，世界頓時變得更清晰、更生動了。語言向我們揭示了一直存在、但在以前我們可能直接忽略的東西。

——米拉．沙瑪（Meara Sharma）

我曾在喜馬拉雅山和一群精神與文化領袖共聚一堂，討論文化機構以及它們如何在分裂的群體中發揮建立連結的作用。這位置很特別，因為你無法輕鬆打開Uber應用程式，然後驅車前往喜馬拉雅山。到那麼遠、那麼高的地方，是一種情感和物資配送的投資。

研討會的主題是「藝術與同理心」。討論小組輕率地使用「同理心」（empathy）一詞，談話在「同理心」和「同情心」（compassion）之間流暢地來回切換。起初沒人留意。然而，第二天結束時，場中有些人以一種特殊方式使用了「同理心」一詞，而另一組人以另一種同樣特殊的迥異方式使用了「同情心」這個詞。我們不再像一開始那樣，將這兩個詞彙交替使用，而是分成兩派：兩組人談論著兩個不同的詞彙。

當我們終於開始更清楚地定義這兩個名詞，場上的人出現了動機和目標上的巨大歧見。原本看似只是語義學的東西，結果變成了意識形態上的差異。

無論什麼會議，到了第二天結束時才發現這種問題，都嫌太遲了。寶貴的最後一天，小組成員將大部分時間花在是否能重新定義「同理心」的問題上，以便能就開會的結果達成協議。我們無法對這個名詞定下全體一致的定義，最後會議在與會者各說各話的情況下，毫無成果地結束。

當我回想自己受邀參加「藝術與同理心」研討會的過程，我意識到「同理心」一詞從未有過清楚定義，它的意義只是想當然。不幸的是，對話往往只為了這種缺乏明確性的緣故而告失敗。

有時我們難以用言語表達，因為我們對它們的含義缺乏共識。我們假定每個人都對我們討論的詞彙和概念有共同理解，事實上並沒有。有時我們會使用專為某一次特定對話而設計的語言，但這語言並不適合即將進行的下一次對話。

語言是我們表達思想的方式，因此共同語言不僅會影響我們說什麼，也會影響談話的發展，以及我們共同建立的想法。對談的目的是為了確保我們所使用的話語、所說的語言以及我們所探討的概念都清楚明確，被所有人共同理解。

界定語義

正如我在喜馬拉雅山的經歷所顯示，語言是微妙的。語言有它的不精確性，即使我們說的是同一種語言。尤其在一群充滿善意、動機強烈的人當中，我們往往假定大家有共同的前提、價值觀和目標。一味假設最好的會給需要成效的談話帶來危險，尤其當談話是建立在價值觀和個人經驗之上時。一開始我們的差異或許並不明顯，這也是為什麼相關用語需要加以闡明、翻譯，甚至重新定義。

建立意義

一個確定我們所使用話語背後含義的方法是，預先設定我們的名詞和定義。

如果我們在遠赴喜馬拉雅山之前，就對「同理心」一詞有了清晰確切的定義，也許會有一些人決定不參加旅行，但參加的每個人都會知道走這一趟的目的何在。

建立意義的概念聽來似乎既迂腐又耗時。其實不然——這很自信，而且往往能提供前進的動力。當你發現你所參與談話的中心是某個字彙或用語，一個攸關主題的用語，就要**盡早**確立它的意思。在字彙和定義上的爭論往往引出一種更深層的爭論——不只關於字彙，也關於想法。盡快釐清問題是語義或意識形態上的。建立意義，預先讓人們弄清楚關鍵字或用語，能幫助他們一開始就確定自己是不是該投入這場對話。對此我的方法是「主張與贊同」（Assert and Agree）。

當語言關係重大，明白定義你的用語。主張一個定義，並要求人們在談話期間同意該定義。採用一個共同集體的來源。不是要你像個六年級老師，但字典這東西仍然管用，而這是好事。和大家分享字典裡的標準定義，然後要求所有與會者一開始就同意這個定義。

如果你在設計對話時使用了一些可能會引起混淆、衝突或歧見的術語，花點時間在進入對話之前把它們定義清楚。如果大家都不同意，問題就變成：「這場對話適合他們嗎？」預先把關鍵用語定義清楚，也等於是給參與者一個評估自己是否該投入對話的有效工具。

如果我們在前往喜馬拉雅山之前就對「同理心」一詞有了定義，後續的對話將大不相同。有了簡單的定義來源做為基礎——從字典中挑選出來的定義，歧見便不可能被忽略。事先要求大家同意某個定義，也許會讓集會規模縮小，但結果會更令每個人滿意。透過「主張與贊同」來建立意義能讓差異浮現，最終帶來群體的充分投入。

探掘意義

另一種方法是，不斷探索、挖掘隱藏的意義，存在背後、有時若有似無的信念和偏見。這個調查過程是為了找出我們所說的話背後隱藏的含義，並加入對談中。

想想你常用的一個詞。我最喜歡的是靈感或富於靈感。可是我必須把我說這話時的意思好好澄清一下。

如果你說「我需要靈感」，或者聽到有人說「我們找點靈感吧」，這個字眼本身不足以單獨成立，它需要更多情境。我們可能會發現，我們對靈感一詞的理解根本天差地別：很可能我想的是哈德遜河谷風景畫，而別人想的是他們昨天聽到的TED演講。兩者都是一種靈感形式，但差異頗大。

類似字眼在對話中出現次數之頻繁超乎我們的想像。當你說「革命」，你想的是法國革命，還是iPhone的推出？當你聽到「創造性」一詞，你腦中會浮現一個畫室裡的畫家，或者你會看見一組人在會議室進行腦力激盪？兩者都沒有錯，但它們並不相同，而其中的差異十分重要。

這些字眼會騙人；當我們使用它們，我們總假定我們對「道德的」、「鼓舞人的」或「創造性」的定義是一樣的，但我們的意思可能截然不同。不僅如此，這些字眼背後的意義充滿了能讓我們為彼此的差異建立連結的可能性。透過分享我們的個人背景故事，將這些字眼人性化，可以充實討論並鼓勵學習。

比起透過較具策略性的「主張與贊同」方式來確立意義，探掘意義相對溫和、微妙，也更有樂趣。當你發現談話中常出現某些字眼，你可以透過探掘意義來深入鑽研，探索參與者身上的一些足以透露這些字句對他們個人的意義的軼事和例子。你也可以透過分享視覺工具和影像，來鼓勵人們將言語變得生動。

把言語視覺化

我不是要你畫畫，放心，不是的。但是展現一個策略，想像這個策略實際運作的狀況，可以催化一種共同的願景。舉個例子，當你想推動一個共享的願景時，何不認真看待願景一詞，把它的意象具體化？畫一幅畫。如果你和某人交談當中，有個字眼經常出現，問自己，當你聽到它時，腦中有沒有浮現影像。倘若有，很可能別人也會。停下來，問大家：「你們說靈感，那是什麼樣子？」

當你畫一幅畫來傳達意義，肯定是具體的。當一個人畫畫，你就很難誤解他的意思。

就算你的用語和語言沒有立即喚起視覺元素，可以考慮加入有這效果的語言。視像可以包容相當複雜、令人費解的東西，把它變得親和。

高明的演說者總是很擅長使用視覺語言，來簡化複雜的主題和問題。問題是，那些對自己意思不清楚的人，可能也會依賴視像來掩蓋此一事實，不過，這也能提供關於會危及談話的理解隔閡的重要訊息。

有段時間，芝加哥有一家叫瓦哈拉（Valhalla）的酒舖，我常派人去了解視覺語言的力量。

許多人對酒舖心存畏懼，但幾乎每個人都害怕侍酒師。畢竟，侍酒師精通一種非常專精、非常嚇人的語言：葡萄酒語言。葡萄酒用語，像malolactic（蘋果乳酸）、tannin（單寧）之類的術語——根本不存在於日常語言。更讓人困惑的是，像breathing（醒酒）、brilliant（清澈）這類看似平常的用語，對侍酒師的意義和它們的日常含義全然不同。

好的侍酒師，那些努力表現親和的人，總是會盡量使用簡單的語言來喚起意象和風味。一個優秀的侍酒師絕不會說malolactic這個字，他們會改用奶滑（buttery）或濃郁（creamy）之類的字眼來形容葡萄酒的味道。奶滑一點都不嚇人。我有個朋友非常精於翻譯葡萄酒語言，用「貓尿」或「濕狗」這樣的用語來形容葡萄酒對她並不稀奇。很有趣（沒錯，有時也很噁心），但絕不嚇人。

這種用視覺和暗示的方式來傳達東西味道的語言，算是好的開始。但是瓦哈拉酒舖的做法可說更進一步。幾個店主認識到，即使是葡萄酒人使用的描述詞彙，可能也會讓一般人困惑和反感。Eearthy 一詞暗示了葡萄酒的泥土風味，可是難說它是不是一種你會去追求的味道（更別說貓尿）。瓦哈拉酒舖完全擺脫了這種語言，他們用一種多數買家似乎更能理解的語言來取代葡萄酒語言：名人語言。

如果你在那裡購物，你可能會發現面前擺著一瓶粉紅酒（rosé），還附了張手寫卡片，上面寫著類似的話：本葡萄酒就如小甜甜布蘭妮，清新爽口，價廉且味道格外逗趣。一瓶紅酒下方可能也附有卡片，上頭寫著：本葡萄酒像瑪丹娜，渾厚有勁，帶點茶褐色，越陳越香。

聽來荒謬。但是，用《時人》（*People*）雜誌的語言取代葡萄酒語言，使得該酒舖走得更順暢——事實上，令人耳目一新。

每當你試圖探掘或建立意義，都可運用能激起想像的視覺語言。

說說關於文字的故事

像**道德**、**價值觀**、**權力**，還有**同理心**等，這些都不是簡單淺白的用語。隨著你所處的文化、階級和環境的不同，它們有著極其微妙的解釋模式。同時它們也不是靠視像就能釐清的。我想我很難找到能說明同理心的意象。

如果你想精確定義這類用語，光靠字典是不夠的。所以，不要尋求定義，而要尋求一個例子。尋求一個故事。（你對這提議煩了？說故事是我將在本書中反覆提到的建議，因為它太直觀、太有用了。）

當我初次和一個團隊合作並開始認真對談，我常會要求每個人自我介紹，並請他們分享一段和談話關鍵用語或概念相關的個人經歷。

幾年前，我和一群背景多樣的人一起工作，這些人齊聚一堂，討論如何為青少年開拓新的學習體驗。雖然我們可以直觀地理解學習的含義，可是當談到開拓新的學習體驗，學習一詞卻可能成為不利因素。學習有著各種南轅北轍的含義，這要看你是誰，以及你的學習觀念有多麼傳統——或者不傳統。

第一次集會，我請大家自我介紹，並且講一個自己很受用的學習小故事。

可想而知，這些故事五花八門。

某人說了一個故事，說她教二十幾歲的孩子如何報稅，以及這段經歷讓她不得不弄清楚申報稅收的細節，而那是她以為自己熟知的事，結果證明她根本霧煞煞。

另一人敘述了她母親教她開車的故事，以及正式上路開車的壓力。事實上，很多人講了類似主題的故事——關於學習有多麼不容易，不愉快，或者充滿壓力。

表面上，每個人的故事各不相同，但有幾個共同的主題逐漸浮現。當自我介紹結束，我們更加了解彼此，以及我們的個人經歷如何將我們聚集在一起。我們也發展出一系列主題，讓我們對於將要談論的學習類型有了洞悉和依據。

辨識這些主題比單純地定義關鍵字更有價值，這些主題成了談話行進中的試金石。例如，當大家討論小組想推介給世人一種新的學習體驗，便可以回到這些主題上來，為討論找到共同詞彙的基礎。每當有人提到學習一詞，便可以參考一開始小組熱烈談論的主題和基礎故事，進一步探究是哪一類學習。

因此，盡量在談話開始前確立那些複雜用語的定義。如此一來將會降低談話過程中可能出現的障礙，幫助人們一開始就決定自己是否要參與談話。

基本上，我們要做的是建立一個詞彙表。收集、彙整談話中使用的關鍵用語。這些用語對於建立共同語言至關重要。利用視像來確保每個人腦中都有相似的意象。嘗試說說個人小故事，讓抽象的語彙或概念變得人性化。記錄所有參考事項：讓用來定義言語的視像和故事成為談話的豐富背景資料。

說普通話

尋找簡單、清晰、共享的語言只是獲得明確對談的第一步。我們還得提防那些有意無意混淆了語義、妨礙了參與的語言。

我常領導一群訓練有素的專家，他們慣於使用特殊語言來反映他們的專業知識，以及手頭話題（法律、管理、諮詢、醫療，甚至我自己的建築工作）的複雜性。起初，當我要求他們對其他人「說普通話」，也就是，盡量用最簡單的言語表達本身的專業——可能會帶來一點衝擊。

我曾和密蘇里州一家小醫院合作，該醫院致力於在患者護理和患者體驗兩方面獲得認可。他們認為，改善患者體驗的關鍵在於，改進等候時間以及患者的等待體驗。

在醫院裡，到處都有等候的病人——報到櫃檯，檢查檯，走廊。當你和病人攀談，他們似乎對等待很認命，無奈地接受一個事實：醫院和醫療保健就是一個複雜又相當官僚的體系。不過，對多數人來說，讓他們不快的不是等待，而是不知為何要等、不知在等些什麼的焦慮。言語的重要可見一斑。

對那些尋求醫療的人來說，關鍵字是什麼？**分診**。

分診是醫療人員用來對傷病緊急程度進行分類的過程。它來自法語Triage，意思是「篩選」。這是醫院工作人員用來評估你的需求有多迫切，以及你的後續治療的重要步驟。然而，如果你問急診室的病患什麼是分診，只有約一半的人能正確回答。分診過程不僅必要，對患者也是件好事。但由於多數人對這術語並不熟悉，他們會不解，為何有些病人得等上數小時才能接受醫護，有些後到的病人卻被火急送去治療。

專業化語言可能會造成問題：它一方面在受過訓練和教育，了解其特殊意義的群體當中創造了親密感和忠誠度，並且把這些術語運用在工作上。在這同時，它排拒了那些理當獲得這種專業幫助的人。它往往包容了少數，排除了多數。

至於那些醫學縮寫就更不用說了——EKG（心電圖）、CPR（心肺復甦術）、BP（血壓）、AIDS（愛滋病）、ADHD（過動症）等等。首字母縮寫是官僚主義的標誌，它們在過度依賴它們的組織中激起冷嘲熱諷。老實說：分享新的首字母沒什麼好自豪的。

所以，別再用它們了。它們全面關閉了和根植於這種文化和語言的小群人以外的人的對話。最起碼，說出縮寫語的完整名稱，說出它代表的每個字，如果能找到替代字，那就再好不過了。別偷懶，別無禮。如果你是聽見縮寫語的一方，馬上要對方把它拼出來，「請問一下，──代表哪幾個字？」這是完全合理的要求，尤其當你面對一個胡亂拼湊的字，不管那是有意或無意地排他。

總之，事情是這樣的：醫生、護理師和醫院工作人員需要一套語言和術語，好讓他們在複雜倉卒的情況下迅速有效地溝通。當醫護人員和其他醫護人員一起工作，或者，當律師和其他律師交談──他們理當使用有效的語言。可是當他們走出小圈圈，就該拋下行話。當有人用一種你不懂的語言談論你或你的親人，你可能很難跟得上，無法在互動中堅守立場。

在我諮詢的醫院案例中，我們透過教導醫院工作人員何時該「說普通話」，成功降低了病患的焦慮和不快。「評定」、「評估」之類的用語取代了「分診」。儘管可能沒那麼精確，但新的行話是病患聽得懂的。如今，當你進入那座密蘇里醫院的急診室，你會看見一位分診護理師坐在一塊寫著「急診報到處」的告示牌下。

或者看看另一個例子，出自我自己的建築領域。建築術語「干預」

（intervention）差不多可以理解為來自長凳、展覽、走廊、窗戶等等，幾乎任何東西都可被視為一種建築干預。好吧，就讓建築師喜歡他們的干預，但如果你想吸引一般人，何不稱之為長凳、氣流或走廊？（很高興得知近來建築師們對「干預」一詞的用法多所討論，懷疑它是否太過晦澀而不好用。）

當你和具有創造性差異的群體，那些各擁不同訓練、背景，對討論主題認識深淺不一的群體——互動，說普通話尤其重要。你可以把話說得淺白，少點花稍，來增強說服力和影響力。畢竟這才是重點，不是嗎？

傳達艱難概念的簡單語言

二〇〇九年，我和幾個IDEO同事受聘於秘魯一個政治組織聯盟，研究全國和地方選舉中投票率低的問題。這問題非常棘手，因為投票在秘魯是義務性質，要是公民不投票，可能會被罰款，甚至失去公民身分。

我們考察了首都利馬以及安地斯山脈和亞馬遜叢林的許多鄉間。我們在課堂上會見老師，結識了田裡的農民，和街頭的政治運動者。他們對政治很有見解，可是令人吃驚的是，幾乎沒有一個去投票。他們一致認為他們國家的政治演說太複雜難解，導致大家對如何投票充滿不確定性。面對這種不確定性，他們索性不去投票。

政治語言或許複雜，但政治決策和投票辦法感覺起來似乎是把簡單的構想變得更複雜。對那些我們採訪過的秘魯人來說，「複雜」等同於「腐敗」。複雜的概念看來像是用來掩蓋惡劣甚至腐敗行為，迴避國家真正問題的一種方式。對那些我們訪談過的人來說，只要看一下周遭，就會知道問題出在哪裡。教育品質低落，事實上幾乎人人都能在自家車庫設立一所學校。警方腐敗，首都利馬的警察例行開出的罰單無異於合法的賄賂。大家都看得出問題在哪裡，包括我們這樣的訪客——所以，為什麼政客要用那麼複雜、令人費解的語言談論它們？

這樁研究計畫的解決方案之一是一種簡單的貼紙運動，貼紙上寫著「修好它」或西班牙語「Arreglen esto」字樣。它的概念是，人們可以透過簡單直白的語言和簡單直白的概念來指出重要的問題。你不需要政策語言或政治分析，只消說「修好它」。

客戶們——想尋找一種簡單方式來活絡政治對話的非營利組織，確信秘魯人絕不可能藉由貼紙運動來表達自己。然而，當我們在安地斯山脈城市庫斯科進行初步測試，那些貼紙消失速度之快，我們還擔心是不是搞丟了。接著我們發現它們在該市四處流傳。「修好它」貼紙貼在學校門口或教室課桌上。警察戲謔地把它貼在同事背後，或警車車尾，像保險桿貼紙。

用普通語言去除政治的複雜性，不只容易，對那些公民來說更是一大解放和激勵。「修好它」是再清楚不過的行動要求。實際上，在壞掉的東西上貼上「修好它」貼紙根本不是談話，它本身就是一種行動。

當我們轉譯、簡化許多複雜的術語，我們也讓人們看見自己在這過程中的作用——擔起參與、塑造對話，以及將言語轉化為行動的責任。

建立簡單架構

你上次寫俳句大概是在小學吧。所以，替你溫習一下，俳句是一種源自日本文學傳統的短詩形式，包含十七音——是音節，不是字。第一行五個音節，第二行七個音節，第三行同樣五個音節。

一首好的俳句必須包含兩種對比或互補的意念，兩種意念之間的「跳脫」（cutting）則是為了創造一個更生動清晰的意象。俳句必須簡單而自足，就像美麗、豐富、鼓舞人心的推特祖先。儘管傳統上俳句通常是描寫自然或靈性，如今卻到處可見。例如，英國商業雜誌《真實經濟》（*Real Business*）曾有一個開放串流，讓CEO們用俳句格式來描述他們的業務：

數據如黃金
但若非用於決策
實糞土不如

——拉多·柯托洛夫（Rado Kotorov）

或者凱洛格商學院（Kellogg School of Business），它要求一群領導力發展專家用俳句形式提供他們在企業領導力方面的最佳體驗。該校隨後在他們的線上期刊發表了這些俳句：

公司之文化
必須積極去形塑
否則會走偏

——馬沃爾・科恩（Maor Cohen）

以上兩個例子都對企業實務和商業模式做了清晰生動的描述。就算你對柯托洛夫的事業一無所知，也能了解它的核心精神。你可以明白科恩關於領導力的體會，而不需要領導力書籍的輔助。

想想你要傳達什麼，看看你能否把它轉譯成一首俳句。要精簡短小，要有某種比較形式，好讓你釐清想傳達的東西，也要有一個簡單的獨立架構。

別把你的複雜想法寫成推特——很討人厭。

務必要把你的複雜想法化為詩句。你須多花五分鐘思考，但你所下的闡明語義的功夫非常有利於你的思考，以及在座其他人的清楚理解。即使你不想讀本章的其他部分，也請務必一讀以下的俳句。

文字的精簡
思想的來龍去脈
將帶來明晰

——弗雷·達斯特（Fred Dust）

不美，但很清晰明確。

如果席間每個人也都想花五分鐘寫一首俳句，來傳達討論的內容，就為你們所討論的各種想法建立一個範圍和背景。這是為了簡化、組織你的思想，傳達更豐富、更能引起共鳴的訊息給聽見你的新詩句的人。把握俳句的精髓，考慮利用它來闡明你的觀點。

你可以在任何時候用這方法來說明你在說些什麼。以簡化的形式重申你的主要概念，並在所使用的格式上發揮創意。你可以嘗試加入剛性架構——可能性太多了！試著採用二字形容詞，或圖表，或甚至漫畫。

為它命名

給孩子取名字有很多方法。對某些人來說，重要的是選個可以榮耀家庭成員的名字。對其他人來說，選一個能反映文化傳統和價值觀的名字可說至關重要。但也有人尋求新奇和再組合，創造全新的名字和新的聲音。這都是為了給一個前途似錦的人取個名字。

我們替我們的孩子、車子、船取名字，何不也對我們的計畫同等用心，替我們的新措施、新產品或新部門命名？

當我還是建築師的時候，我就開始認真考慮命名傳統。有一次，在史丹佛大學觀察課堂新模式的當中，我們目睹學生們走出教室時有一個共同但有趣的行為。無論課堂上的對話進行得如何，不管是授課式或問答方式，我們發現，當老師和學生走出教室，他們之間的互動都相當熱絡。手提著書包，在狹窄的門口，那些沉默了九十分鐘的學生會突然開口，邊走邊向他們的教授提出尖銳的問題。

我們決定為這類對話創造一個空間，就在教室外面的一個小空間。因為它需要在教室外多挪出空間來，為了證明該空間的合理性，我們必須說明這空間將促成什麼活動。

最後我們把該空間稱為「前廊」，很快地，客戶史丹佛大學和其他主要利益關係方開始採用這個用語。

當時，我認為這名字主要是用來理解人們是否相信這個構想的，事實也是如此。然而，幾年下來，我了解到這名字在其他許多層面起了作用。沒錯，它描述了空間；沒錯，它為這構想提供了一種視覺元素；但它也描述了該校想要鼓勵在那裡發生的對話類型。它表明了意圖。

從此我對名字變得毫不妥協。

名字要能傳達事物的作用和意義。名字要能傳達事物給人的感覺或者可能給人什麼感覺。名字甚至可以闡明你投入這些事情時該怎麼做，最重要的是，名字可以闡明你的意圖。

我常鼓勵設計師為自己設計的概念命名。我常鼓勵組織替他們引以為傲的措施命名，要企業思考名字會如何為他們的客戶提供基礎，以及為對話命名會如何影響這場對話的進行。

我常要求個人為那些對他們最重要的目標或成果取個名字。但集體地去做這工作也十分有益。大家一起為某樣東西命名不只是一種說明練習，同時也能建立義務和連結，兩者對改造性對話都是不可或缺的。

你甚至可以為一場談話命名。為談話命名能讓人們了解它是什麼性質。

我曾在一系列被我稱為「企業鑑識」的會議進行到一半時，才意識到這名稱有多糟糕。集會和談話都非常沉悶而嚴肅。這也不令人意外，你只會對死掉的東西或失敗的事進行鑑識。法醫學是有特定意圖的。

當我想到這名字可能是給這次探索定下負面基調的因素，我把談話的名稱從「企業鑑識」改為「企業健身」。接下來那場會議的氣氛從低落一下子轉為高亢，從聚焦問題變成聚焦解決方案；它開啟了全然不同的對話。

回想起來，兩個名字都很有價值。談話中的鑑識部分，儘管陰沉，但確實表明了有很多診斷錯誤的工作需要去做。把名字改為健身標示著意圖的及時改變。下決定、養成新習慣和採取行動的時候到了。雖然改名不是有意的，但這兩個名字都代表了適合不同階段的活動和氣氛。名字改變了成果。

這個為對話命名的例子抓住了我所說的明晰。儘管「企業健身」是個名稱，但它實際上是一種概念。透過簡單易懂的用語，企業健身明確傳達了談話要達成的東西，同時它也為談話的基調提供了指引。有趣的是，「企業鑑識」是由少數人執行的，「企業健身」卻被整個組織所接受。它描繪了一個讓人人都可參與的概念。

設定搜尋用語

建立一種集體的語言可以界定你在尋找什麼。建立搜尋用語是對未來狀態的展望，它們可以幫助一個團隊駕馭一趟原本不明確的探索。我們會專注於和自己相關的事物，看見我們想看的東西。

大約十五年前，我接獲麗思卡爾頓（Ritz-Carlton）飯店一位高階主管的電話。他們希望發展一套新的客服業務，以便在整個組織中推廣。具體來說，他們想要一種讓客戶感覺得到，但又無法明確指出的客服體驗，一種難以言喻的感覺。當時其他飯店都在標榜他們的睡眠體驗，或者邀名廚進駐他們的餐廳。喜達屋（Starwood）飯店的「天夢之床」（Heavenly Bed）席捲業界——順帶一提，這是個很好的優秀命名範例。在所有人密切觀察同業競爭動作的時刻，麗思卡爾頓希望推出一種有形但又微妙得難以模仿的客服體驗。

要是他們沒替這個不存在的服務模式取個名字，恐怕是辦不到了。

那些高管把這項服務措施稱作「舞臺美學」（scenography），儘管他們不清楚到底想藉由這個字傳達什麼。Scenography一般指的是劇院的舞臺技術，但在本案中，他們並不要任何表演，不要劇本，當然他們也不想讓它太容易辨認。這名稱是那麼有力，因為它暗示了可能的解決方案。這名稱暗示了一種想像，向我們暗示了我們正在尋找的事物的特徵，就算不是最終形式。

問題是，當我們開始尋找舞臺美學，便會發現它無處不在。家具和物品的微妙構圖，背景中的合宜音樂，房內所有蠟燭點燃的一刻，感覺就像舞臺美學該有的意思。

我們成功建構了系統，並且忠實於我們稱它「舞臺美學」的第一次的對話。整個組織都很喜歡，很快地，到處都在談論「舞臺美學」。從總經理到清潔工，麗思卡爾頓的員工都了解「舞臺美學」，而且希望有機會嘗試。直到今天，當我走進任何一家麗思飯店，要求看看他們的「舞臺美學」，員工會立刻眼睛一亮，高興地帶你體驗他們精心策劃的舞臺美學片刻。

那些高管為自己的目標命名時發揮了對語言的深刻直覺。他們大可把該方案稱作「麗思卡爾頓服務準則」（Ritz-Carlton Service Standards），或者用縮寫「RCSS」來簡稱它。畢竟這就是「舞臺美學」的概念。然而他們把它叫做「舞臺美學」，因為它不僅僅意味著準則。聽來充滿創意、鼓舞人心又有趣。最重要的是，一旦你聽見這個字，就會忍不住開始尋找它。「舞臺美學」

之所以有吸引力，不只是因為它暗示了要做的工作，也因為它開啟了一種觀察方式。它告訴我們該看什麼，該尋找什麼。

對話中的正確用語也有相同的功用。

我曾參加一個為一些面臨財務危機的社區尋求解決方案的小組。討論陷入了僵局，直到諾貝爾和平獎得主尤努斯（Muhammad Yunus）提出了「悲憫商業」（Compassionate Commerce）的概念。他從不曾真正定義過該名詞，它本身的定義已夠清楚了。

談話中，我們在市場為本的解決方案以及較傳統的慈善方案之間不停打轉，而「悲憫商業」的概念把這兩種探索結合起來了。當你把這兩個詞放在一起，悲憫和商業，它們提示了一種全然不同的追求構想或系統的視野。不再只是純粹的市場驅動，慈善事業也可以用來啟動企業和經濟。

「悲憫商業」的概念推動我們前進，藉由給了我們的意圖以及我們一直在搜尋的東西一個名字。「悲憫商業」成為我們的搜尋用語。就算不是準確的解決方案，這名詞也給了我們可供研究的範圍。一旦我們使用它，便會開始看到它，並且開始構思把這概念化為現實的做法。它確立了我們的意圖。

當你為某樣東西命名，你就建立了一種敘事方式。名字可以讓一個故事開始發展。共同為某樣東西命名是一種根本上的樂觀行為。為東西命名意謂著一群人相信這東西應該存在於世上。把名字從一堆相似詞變成你想要的成果。確保你的名字不只是描述某樣東西，還要描述你對它的憧憬。當它成為人們是否接受並銜接上它所代表的概念的一個指標，要密切關注這名字的發展，以及人們是否採用它。

不要遮掩意圖

明晰是創造對話的根本，而我們所使用的詞彙對於這份明晰是必不可少的。但有時尋找一個字或用語的定義可能會讓對話突然中斷。言語很重要，但它的重要性不足以讓人為它浪費數小時、數天的時間。

想必你已經了解深入思考語言的好處和風險。例如，想想最近聯合國宣布的世界海洋日。正如一位海洋學家向我解釋的，這項宣言可說姍姍來遲。的確，海洋科學界早在一九九五年便提出了全球海洋健康日的請求。二十年後，聯合國終於訂下這個紀念日。

問題是，過去二十年裡，海洋文化（Ocean Literacy）運動者——一群致力於幫助我們這樣的人理解全球海洋的複雜現狀的科學家——改變了他們的語言。他們不再使用「海洋」（oceans）這個詞，而是用「大洋」（ocean）來表達全球水域的互通性。這種小小的轉變對於外行人理解自己在全球問題上的局部影響起了相當大的作用。而這種轉變在多年後成了海洋健康相關對話的常用語。

當他們接到聯合國的通知，說他們終於要通過世界海洋日，他們想了一下，試圖糾正用語，但幾乎馬上就放棄了。借用那位海洋學家的話，「他們不想為一個字犧牲一天」。

然而，我見過許多人為了一個字付出比一天更多的代價——被沒完沒了的脫軌術語羈絆，偏離了正題。

所以，要冷靜。力求簡單，把可用的東西從複雜的術語轉譯為簡單的語言，為重要的東西取個好名字，別害怕嘗試不同的語言，看是否能在某主題上獲得新視角。言語很重要，但犯不著為了它們放棄實際的成果，或者延宕強大行動團體的建立。仔細思考，多用心，但也不必對言語批判得太過嚴厲，以致本末倒置。

創造對話需要創造性的對策，但是，正如本章所示，在使用語言上賣弄聰明是不必要的。也因此我常建議團隊別一味尋找完美的句子或用語，而要盡量用最簡單的表達方式來傳達他們要的成果。別賣弄聰明，別耍花招。一旦你對常用語和語言有了清晰認識，你就可以使用我在此提到的方法，來決定你想達到的目標。

同時要記住：我們在此建立的工具可以在整個交談過程中使用。每當感覺對話就要走偏了，就檢查一下語言本身是否出了問題。暫停談話，一起改善、定義用語，停下來玩一下簡單化遊戲，或者花幾分鐘為一些構想和目標命名，都將有助於重新凝聚對同一主題的參與。

這就是創造性壓力獲得紓解、對話得以進行的方式。更重要的是，這是對話促成持久變革和發展的方式。

中場時間：劇本偵察

在電影、電視和戲劇領域中，劇本決定了對白，同時也描述了角色和情節。同樣地，你在日常生活中也會遇到一些人——政治家、企業領導人，他們說話就像在唸劇本，甚至偶爾會「脫稿演出」，說些即興或極為私人的話。

劇本也存在於許多別的場合和空間；它們或許不會以書面呈現，甚至不見得由文字組成，但它們提供了指引和線索，可讓我們了解該如何行動，以及別人會如何回應。下面是你可能會遇上意想不到的劇本的三種常見情況。

一、空間

許多空間都自有一套根深柢固的劇本，來暗示在其中該進行哪些對話，甚至該扮演哪些角色。有時這是目的性的，你該思考該目的是什麼。法庭是個極端的例子：它是專為某一類型的談話而設的——法庭的每個部分都擁有象徵意義和與之相關的特定角色。法官的高聳座椅意味著權威和自主權；站在法官旁邊、面朝旁聽席的證人既有權威的保護，也有所有人的關注；通常位於側邊、面對整個法庭的陪審團席使得他們既是證人也是聽眾。這個空間是用來支持審判劇本的。

「劇本空間」通常不像法庭那麼正式。例如，客廳的設計和辦公室及其會議室的設計截然不同。基於身為建築師的訓練，我很關注空間中的劇本：一個家、辦公室或一個正式活動場所的設計如何有利於（或不利於）有意義的對話。我們都會直覺地對這些空間劇本所包含的暗示做出反應——坐在哪裡，如何自處，是否可以躺下或坐起。因此，就這樣，為特定目的而建構的空間成為培養創造性對話的另一種工具。當然，錯誤的空間，或者考慮不周全的空間，則會讓談話更困難，更沒有成效。

二、規則

另一種微妙但同樣常見的劇本就是規則，不管是明示或暗示。規則可以是目的性的，經常被放在談話中，做為引導談話、合適信息和理想結果的一種方式。有時，這些規則可能是既定的，而且相當正式，意在維護禮儀和架構。最著名的例子或許是《羅伯特議事規則》（*Robert's Rules of Order*），儘管是在近兩百年前寫成，至今仍被廣泛用於各種董事會議——雖然還在不斷修訂。有時這類規則可以當場制定，做為對談進行前的「協議」，主要用於引導談話的調性，提供談話時的安全感。

這兩個例子都是規則被明確制定、說明的情況。同等重要的要尋找那些有未明訂規則的場合。例如醫院的療程，可能就有關於對話應該如何進行的未明訂規則。例如，治療師問一些非常私人和刺探性的問題是合宜，也是意料中的，但患者就不適合反問同樣的問題了。

重點是要尋找那些可以左右談話，卻不清楚是由誰或基於什麼理由而設定的規則。有趣的是，時間一久，我們往往忘了當初為何會有這些規則，因此你可能會發現自己被一些對你參與的對話毫無意義的規則支配。就像我在IDEO時，常感覺到腦力激盪的寶貴規則已滲透到我們所有的對話中，儘管它們實際上往往妨礙了我們需要採取的其他類型的對話。

只要去尋找一些對話以及用來引導它們的規則，便會發現它們無所不在。一如我們稍後會討論的，規則是規範，也因此它們是我們所創造對話的最強大指南之一。

三、文本

有時劇本會以一種非常近似劇本做為戲劇或電視劇的背景藍圖的方式出現——如假包換的文本。翻到任何一本歐普拉讀書會（Oprah Book Club）選書的封底，或者任何一本學校教科書的背面，你都會發現「討論指南」，一組問題，用來引導人們就該書主題和話題去進行對話。讀書俱樂部和電影俱樂部都是屬於文字本身即作品，而接續的對話是以該文字為基礎的場合。這是我們將在「改變」一章中頻繁討論的一種模式。

有些宗教文本可以達到同樣的目的，有時做為更廣泛對話的背景，有時做為對話的框架。想想《哈加達》（*Haggadah*），就是一種可以在逾越節晚餐一邊閱讀一邊討論的文字劇本。重複性和儀式性，這些劇本的功能不只是供給談話素材，還提供了創造對話的節奏和架構。

劇本簡言之沒有好壞之分，但我們可以用心看待它們，將它們視為一種讓談話形式更明確、感覺更美好或推動它前進的方式。這時它們的價值就難以估計了。接下來每一章幾乎都會涉及不同形式的劇本：「情境」談的是空間；「規範」將和規則密切相關；而「變化」將研究文本，宗教與非宗教，做為心靈滌淨（cathartic）對談架構的功能。

雖然我們將在後面章節中徹底並深入討論這些劇本，但首先我們要做的是「劇本偵察」（script-spotting）。當你經歷一場對話，找出它的劇本，看看它們如何運作，看看人們是否察覺到它們的存在。記下來，把它寫在你的對話筆記裡，甚至指出一個劇本具有徹底改變對話的可能性。

chapter 4

情境

空間——房間、建築或城鎮，當中的生活形態越豐富，就越能成為一個活躍的整體，也就越有光彩，越有自我維護的熱情——一種無名的特質。

——克里斯多弗．亞歷山大（Christopher Alexander）

在舊金山的一座空倉庫裡，三十個人聚在一個白色泡棉板模型內。這組人包括全球最大連鎖飯店之一的主管和業主，加上幾名老客戶和設計師。這個模型是飯店大廳的全尺寸複製品。它的白色泡棉板材料既便宜又容易搭建，讓設計團隊能迅速改變配置，根據意見回饋移動或移除空間中的東西。如果接待櫃檯的建造方式不容許客人和飯店員工之間進行公開、輕鬆的交談，就可以變更它。如果溫馨的早餐座位區擁擠了點，可以把它擴大。整個空間可以隨著在其中進行的對話而改變。

加入IDEO之後，這種全尺寸的建築模型一直是我的夢想。之前我常為了難以向客戶解釋建築語言（正如我們討論過的）而苦惱，更不用說建築圖和桌面模型。因此，我的構想是採用IDEO產品設計的樣板（prototype）文化來打造全尺寸模型，讓人們身歷其境，直接了解空間的感覺。

多年來，我們成了使用這種全尺寸樣板的專家。我們連同護理師和醫生共同建造、共同設計醫院走廊和病房，提供保有親密和隱私、便於醫療服務的空間。有一次我們接管秘魯一家銀行好幾天，不停更動空間中的配置，以求縮短等待時間，同時增加社交性。當我們進行未來工作隔間的設計，我們想起我們只在開放式辦公室工作過，於是我們在IDEO舊金山辦公室建了一間「立方體農場」。我們一整支團隊全都搬進相鄰的小隔間，留心觀察它會如何影響我們的互動、對話和合作。結果發現，在那種情境中工作大大改變了我們彼此接觸的方式，大致上是正面的。

我們是在進行情境實驗。

正如本章中將探討的，情境是由我們所在的空間、空間中的事物和我們在該空間中選擇的位置所組成。以為情境「只是背景」是錯誤的。對話的情境可以影響談話過程、感覺和成果；它甚至能決定我們有什麼樣的對話。截至目前我們探索過的一些工具：傾聽、釐清語言、建立原則——基本上是對話的劇本。而情境、空間和空間中的事物就是舞臺。

有時，空間可以做為一種小提示，例如，隔著桌子面對初約會的對象，對照並肩而坐。有時候，一個場所中的劇本已牢不可破，只有少數特定對話能在裡頭進行（例如在法庭上）。

適當的場所可以塑造對話。有些空間可以激發創意與合作，有些則會觸發災難性的對話，或者，一如我稍後會解釋的，甚至會觸發關於該空間中發生過的慘痛經歷的記憶。（想想高中的自助餐廳！）

然而，經過深思熟慮，我們可以選擇一個符合我們目標的情境，並對我們的談話施行創造性的掌控。同樣地，當我們探索這個調色盤，我們將看見，在許多情形下，位置的改變或空間內物品的改變，可以提供提示，來引導出你想要的對話。取得或重拾對空間和位置的控制權，可以重啟我們在其中的對話。

刻意挑選空間

當年我坐在紐約州北部一座池塘邊的木造碼頭上向我丈夫求婚。可想而知，人們非常認真地看待他們求婚的地點；你甚至可以聘請顧問，讓他們幫你找個完美的求婚地點，並且安排空間，來確保最佳成果。

就算你不想付錢請人來幫你求婚，你也不太可能隨便找個求婚地點。求婚是一種帶有理想成果的談話，它會建立終生的記憶，而它的發生地點也會成為記憶的一部分。並非所有情況都那麼依賴背景環境，但謹慎考慮該選擇什麼地點對任何情況都有幫助。

例如，我的一對夫妻朋友最近有個大動作，接了他們十幾歲的兒子和未成年的三胞胎女兒，全家搬到阿布達比，以便在紐約大學任教。他們分配到一間附有寬敞早餐吧廚房的時髦公寓。純粹由於預設和方便，他們的晚餐席變成了工廠流水線，四個孩子坐成一排，由雙親傳遞餐點，兩人邊做菜邊上菜，站著用餐。

某天下午我們聚餐，圍著一張小圓桌坐著。他們提起席間的討論有多麼開放，進行談話有多麼容易。他們確信是圓桌促進了互動。用餐結束後，他們決定回公寓，把晚餐從廚房的吧檯移往餐廳的圓桌。

不久後，我在一次聚會上看見他們，問他們實驗進行得如何，卻得到一臉沮喪表情。他們解釋說，他們回家時的確有換餐桌的想法，甚至已經挑了一張，可是當他們回到公寓，他們發現這是不可能的。他們的餐廳是狹長的形狀，不符他們的需求。

在接下來的章節中，我們將介紹可供你在刻意挑選空間時運用的三個元素：文化聯想、個人聯想和「原型」（archetype）效應。

文化聯想，形象空間

我常會在晚宴上拋出一個簡單的問題，要大家描述某一類型的對話，例如：「描述一下董事會議」。十次有九次我根本得不到對於該對話的描述，而是對通常會發生這類對話的空間的描述。說到「董事會議」，人們多半會描述有一張紅木長桌，幾張皮椅，一個穿套裝的人坐在長桌盡頭。

就拿戒酒者匿名會（AA）的例子來說吧，你也會得到空間的描述：一間地下室，一些折疊椅，也許還有一張放著點心的折疊桌。我們對於在什麼樣的空間中發生什麼樣的談話有著非常明確的聯想。反過來當然也一樣：當我們看到空間，我們常會想像那裡頭可能發生的對話。

回想一下約翰杜威學院。學校所在的城堡對於裡頭進行的對話扮演著重要角色。首先，它擁有非常具體而幸運的文化聯想：幾乎每個和我談過的家長和學生都會聯想起哈利波特的霍格華茲魔法學院。很多家庭都在閱讀該系列故事的過程中成長。不像其他學校給人冷硬、制度化的感覺，杜威學院溫暖又神秘，甚至有點神奇。

「顯然，我們有很多這個世代的學生，而他們都熟悉這層意涵，」校長連恩告訴我：「我是說，城堡裡的寄宿學校並不稀奇，對吧？可是學生們都懂這種霍格華茲的意涵，而我們又很看重個人的性格發展，真是又酷又怪異的巧合。我們有個很特別的學生，因為從第一天開始，她就一直說，『我喜歡這裡。』她很興奮能在這裡就學，她說，『太酷了，真的，我竟然住在城堡裡。』」

這般情境瀰漫著整所學校，甚至改變了學生們使用的語言。在那裡，年級不是數字，也不是高一和高四，這兩個年級叫做「城堡居民」和「掌門人」。城堡居民是還在學習學校作風、尋求更多指引的較年幼學生，掌門人則是較年長、較自立而且較有能力在校園周邊和外界獨立生活的學生。

重點是：情境無孔不入。因此要講究談話情境。

個人聯想或「記憶符號」空間

我曾祖母的後院有一個可容納兩人的鞦韆。這架鞦韆原本是在她撫養孩子的農舍的前門廊上的。鞦韆是你在初夏夜晚會坐的地方，鞦韆是她晚上講故事的地方。在我曾祖母去世多年後，我仍然常坐在鞦韆上，沉浸在我們昔日談話的回憶帶來的溫暖和留戀中。

記憶符號聯想（mnemonic association）是當我們試圖記住一些東西時所使用的一種概念。我們會把一個事實和一個關鍵字、首字母等等連結起來。在我小時候，我們家的常客亞瑟教我怎麼吃朝鮮薊（artichoke）——準確點說，是教我不要吃，他解釋著葉子不要整片吃掉，他說：「記住，要是我把葉子全部吃掉，亞瑟（Arty）就會噎住（choke）。」這是運用記憶法替我上了一堂重要的生活課程。

記憶符號聯想是真實的，它們也往往和我們所在的空間緊密相連。在最近關於記憶形成科學的研究中，空間問題格外突出。當創傷或快樂事件的情節記憶（episodic memory）形成時，大腦常會利用我們所處空間的細節來建立這段記憶。過後，該空間會觸發這段記憶的恢復。也因此我們常會問「雙子星大樓倒塌時你在哪裡？」之類的問題，而這也是為什麼我們總會記得。這段震撼人心的記憶一部分建立在事發當時你對自己所在情境的觀察。

因此，當我說到「被盤據的空間」（haunted space），指的不是幽靈和吱嘎響的房門，而是我們個人或「記憶符號」的真實聯想。我曾祖母的鞦韆被盤據著，不是被她的靈魂，而是我對她的記憶——在這情況下，這種聯想是正面的。當我們重新設計銀行，我們了解到，對許多人來說，餐桌帶有正面的文化聯想；和我們談過的人都對它有著正面的記憶符號聯想。因此，這個特定情況具有雙重意義：良好的文化聯想和正面的記憶符號聯想。

然而，不管文化聯想有多美好，都可能被負面的個人聯想徹底摧毀。

我來講個另一張桌子的故事。我最近遇見一戶人家，他們多年來一直為女兒的飲食失調而爭執不休，而這家人爭吵的位置，表現內心痛苦的地方——就是餐桌。隨著女兒長大成人，家人陸續解決彼此間的紛爭，他們總算能治癒並恢復正面的家庭動力——聚在餐桌的時候除外。那張桌子基本上被之前的許多對話「盤據」著，對家庭互動構成極大阻礙。後來母親買了張新餐桌，而他們最終也索性不再在餐廳吃飯了。

「原型」效應或內建劇本

有一本我年輕時很喜歡的書，作者是克里斯多弗・亞歷山大，書名《建築模式語言》（*A Pattern Language*）。亞歷山大對我影響很大，他舉出了大約兩百五十種歷史上出現在空間中的不同模式。從「雙人屋」到「啤酒店」不等。我最喜歡的一種模式是「壁凹式座位」，壁爐邊（inglenook）就是一個例子：通常設在壁爐兩側的小而隱密、可容納二到四人的座位。你也許沒聽過壁爐邊，也沒坐過，但應該很容易想像那裡可能會發生的親密、溫暖而舒心的談話。

亞歷山大認為，這些模式已深植在我們的建築中數千年，也許從我們開始建造房子就有了。我們對它們那麼熟悉，而它們如此深深烙印在我們心中，以致當我們進入一個空間，我們自然而然知道如何在其中自處、生活和行動。事實上，越來越多的證據顯示，這些「內嵌式劇本」（embedded script）會觸發我們的大腦以不同方式處理事情。無論是由於幾千年的文化聯想，或者神秘的大腦機制，有些空間確實會讓我們產生截然不同的思考、行動和交談方式。

就說樓梯吧。你的公寓樓梯——你是如何停下來聊天，或者每當你在家中開派對，樓梯幾乎總是tête-a-tête（法語：親密談心）的地方。想想用於群眾集會的大型公共階梯，城鎮廣場常見的，在大型博物館前的那種，例如羅馬的西班牙臺階。

在「舞臺式階梯」模式中，亞歷山大提議將階梯視為房室。如果你打算設計戶外樓梯，把它看成一座庭院，要夠寬敞，來鼓勵人們在上面閒坐、聚集。研究顯示，在階梯上交談，就算只有三階的高度，都會讓人感覺更「崇高」（elevated）。階梯本身帶有某種心理觸發點。

當IDEO團隊為紐約新學院（New School）的大學中心進行初期設計工作——為了做為該校的活動中心，整棟建築是環繞著臺階而建的。有許多開闊的階梯，可容大群人聚集在那裡上課；還有樓梯上的許多像是談話漩渦的小角落。大型中央樓梯既可充當數百人規模的巨型市鎮廳，又可做為一群朋友優閒午餐的場所。

儘管坐在階梯上感覺很隨意，但階梯也為空間注入一種尊貴莊嚴的感覺。場景可以生動壯麗，令人敬畏，同時又是一個感覺平易近人而輕鬆的空間，能帶來正面、創造性的壓力。坐在臺階上感覺很親近，但視野和開闊性又能讓思想自由奔馳。此外，階梯是一個發生轉變的地方；它們會帶來自發性和靈活性。

階梯上的對話可以進展、改寫，甚至可以吸引一、兩個過客，插入一種完全不同的腳本。

大學中心大樓開放數年後，它的階梯仍然擠滿忙於交談的人。我沒有發明階梯，但我確實刻意挑選（purpose-pick）了階梯做為建立建築劇本的一種方式。即使不是建築師，你也能學習刻意挑選某些空間和空間劇本，來支持你想要的對話。

這麼做的一個簡單的方法是，寫下五個形容詞來描述一個空間的特質。這裡就拿亞歷山大列舉的幾個空間當作例子：啤酒店，公共階梯，和壁爐邊。

我給啤酒店的形容詞是輕鬆、充滿生氣、活躍、熱絡和舒適。

至於階梯，就說大都會博物館的吧，宏偉、寬敞、堅實、公開和熱鬧。壁爐邊則是隱密、溫暖、安全、親暱和狹小。

看這些形容詞，它們暗示了極為不同的空間。這些形容詞剛好也是在這些空間中的對話的特質。

打個比方，我想去探視一下某位同事。我想要的是愉快的接觸，帶點探索的味道，但又不想讓它變得太嚴肅。很明顯，無論是餐桌或大樓梯都很適合。至於壁爐邊，如果找得到的話也不錯，但可能稍嫌親密了點——也許我會選擇在這裡和某人就工作目標和抱負進行長談，而不只是探視一下。似乎是理所當然，但這就是為什麼，比起在閒置會議室聊天，還是到咖啡館比較好。那裡氣氛活絡、嘈雜又歡樂。我們都在尋找自己的壁爐邊。

想成為個中老手？來見一下我的朋友亞歷斯．加拉芬特（Alex Gallafent），他擁有戲劇和新聞業背景；他是一名大膽的對話設計師。有一回，他應邀為一群商界領袖、決策者和慈善家設計一場關於美國低薪工作的會談。他對這主題想了很多，但對這次聚會的場地也同樣費心考慮。地點是一座翻新的修道院，包括一間會議中心。儘管這空間具有現代特徵，但原始建築的許多元素仍然留了下來，而且幾乎維持原貌——特別是一間有著厚重壁爐的石造會客廳和一座相鄰的帶噴泉的露天庭院。

亞歷斯打算把會談的兩部分從主會議室移出，討論內容是低薪工作者的願景，以及阻礙他們的因素。亞歷斯決定把這次討論安排在會客廳舉行。會客廳陰暗又封閉，擁擠又寒冷，而且簡陋。有點像寒酸版的壁爐邊。

在這空間裡的討論十分艱難。擠了十五人的房間有種幽閉恐懼感，隨後的談話也反映了這種氣氛。討論變得沉重；這個國家的政治和經濟體系似乎專和基層作對，似乎被設計成利於剝削和經濟停滯。談話結束時，我們所有人不禁懷疑：「這些人有閒工夫作夢嗎？」

我們解散到庭院中，這裡高聳、陽光亮眼、綠意盎然，開闊而寧靜。立馬解放了。人們仍在沉思，但這個空間激發了豪放感。在那裡，我們應要求討論我們的組織能為那些工作者做些什麼。當我們回到會議室，我們對之前討論的人們有了深刻的同情，也對我們能做的事燃起了希望。

會談的這個部分刻意地從壓抑轉向擴展。第一個空間實際上的限制——它的擁擠、它的陰暗，化為一種壓迫和無奈感。這正是亞歷斯要的——讓現時的挑戰和未來的可能性形成對比。藉由把大家從陰暗的會客廳移往通風的庭院，亞歷斯刻意挑選了適合他想創造的談話的空間。

要記住一個要點：有些環境有助於引導談話，但它們應該是烘托的配角，而不該喧賓奪主。創造性對話應該主宰空間，而非被空間支配。

近年來，一些會議籌組者把創造空間發揮到極致：辦公空間的休息室被玩具球池取代，或者會議室座椅被懸吊在離地十呎高的地方，來幫助與會者「獲得另一種視角」。沒錯，這或許是在利用高度的固有效應，但我認為，腎上腺素和對跌倒的恐懼會讓人心理狀態失衡。這類環境具體展現出一種象徵：嬉鬧或制高點——並迫使豐富的對話變成一連串小笑話。

要刻意，但別耍花招。

利用物品來「調整」空間

儘管空間對發生在其中的對話有著重大影響，有很多方法可以改變我們所在空間的特徵和性質。這是好消息。這些方法通常非常簡單，像是房間裡的東西，房間的布置方式，甚至一些簡單的小提示都能讓你掌控你的環境。

家具、電子產品和物品都是足以推動、改變或影響談話的工具。和空間一樣，家具可以改變你所在環境的感覺，進而改變談話。家具自有它的重要聯想。就像戒酒者匿名會和董事會議室的例子，折疊椅或紅木長桌對於營造環境的作用，就跟教堂地下室或木嵌板會議室一般無二。

讓我們回頭聊一下桌子。二〇〇六年，我們受雇於一家歐洲銀行，負責研究該如何吸引銀行客戶，以及如何在他們和銀行內訓練精良的財務顧問之間建立信任。這項工作特別集中在東歐——該地區的銀行最近頻頻倒閉，聰明的公民覺得自己很懂得理財的最佳辦法，把現金藏在床墊下，只接受親朋好友的非正規建議。當銀行設立新的分行，他們把財務顧問安排在私人辦公室，擁有氣派的辦公桌。顧客會排隊去兌現支票，忽略辦公室，然後帶著現金回家。

我們首先進入人們家中，和他們共處一段時間，談論他們所做的財務決策。我們和人們坐在餐桌旁，問他們如何做出財務決策，是誰給的建議。多數情況是親人和朋友。當我們問，他們都在哪裡進行這些對話，結果幾乎都是在我們所坐的位置：廚房的餐桌——通常邊喝伏特加。

團隊做了簡單的一對一翻譯，沒有伏特加。我們設了一間新的銀行分行，換掉辦公室裡的光滑木質辦公桌和玻璃牆，在原位擺上小餐桌。當行員提供財務建議，改為指著餐桌，顧客不再遲疑。他們一看見桌子就坐了下來。我們設計的空間帶有足夠的關於餐桌的正面文化聯想，讓談話變得更熟悉、平易近人。

簡言之，餐桌是私密的東西；它們會讓人聯想到家人而非客人，家庭生活而非娛樂，與非正式而不是正式有關。它們甚至可以微妙地連結上新的開始——我們較常在桌前吃早餐，而非晚餐，而我們的身體在早晨是充滿樂觀的。拉比艾略特．科斯格雷夫（Elliot Cosgrove）曾提到以色列前總理梅爾夫人（Golda Meir），說她「明智地使用她的餐桌」，一個以色列諺語。她常邀請來訪的政要和國家元首到她的廚房，進行重要對話。

早在二十一世紀初，建築師和室內設計師在應邀建造新世代工作空間時，似乎便察覺到這種關於餐桌的文化聯想。如今，矽谷辦公室的餐桌可能比矽谷家庭的餐桌還要多。對於這種家庭日常和自在談話的文化聯想所做的特意偵察和順應，是對這些工作場所的一種願景。

還有一次，我應邀重新規劃一場董事會議。董事會主席希望會議多點優閒度假的輕鬆感。會議的地點是我們常碰面的會議室，沒有一點度假感。

由於時間緊迫，資源也有限，我只好就現有的空間做了簡單的重新布置。我把原來的U形大會議桌移走，在座位區放了許多小圓桌。這是最後一分鐘的極小更動，唯一由我作主的更動，但這直覺其實是受了圓桌的文化聯想的啟發。

結果，這讓許多人大感驚奇。當一夥人走進房間，頓時不知所措，畢竟會議室不該是這樣的。直到董事會主席走進來，大喊：「快餐座位！」大家才知道桌子是給他們用的。這種個人的記憶符號聯想並不是我預期的聯想意義，但出乎我意料的是，它頗為管用——鑑於我在快餐館的談話經驗。談話十分熱絡，大家很契合，形成了各種良好的小圈子。到了休息時間，董事會成員還捨不得離開「自己桌位」上的「自己的位子」。我認為這會是個小轉變，其結果就是社交環境的全新想像。

有許多極為簡單的方法可以掌控談話情境。一些剪輯，一些增添，董事會議就成了董事會度假村。

掌控談話情境：剪輯或添加

還有許多其他足以影響環境，可能比家具微小，但作用同樣大的「物品」。我把它們視為道具。戲劇中的道具是舞臺上的物品。舞臺很小，布景也不是真實世界的複製品，因此，如果某個道具出現在舞臺上，它就必須能推進劇情，或者揭露人物性格或心理。而這正是我們希望道具在創造性對話中扮演的角色。

我們刻意放在談話情境中的物品或道具，應該至少具備以下兩種功能之一：揭示隱藏的東西，或推動談話進行。

移除雜物

首先要剪輯。把房裡的東西清理一下。這是創造性控制的一個基本但十分重要的動作。為什麼？因為許多物品已經就位，只是不夠理想。

不用說，手機不算是道具。它們無法好好地向團隊透露你的情緒，也不能推動集體對話。我想它們只能表明你很無聊，它們能把你推進自己的世界，但這不是我們想要的道具。

老實說，多數電子產品都是不好的道具。如果場內有會議設備或揚聲器，大家會看著設備，而不是看著彼此。我們仍然不太懂得打開麥克風、設定或取消靜音。太多重要的談話需要對等的對談各方進行檯面下的交涉。

創造一個清爽的起頭。把近藤麻理惠收納法運用在談話上——凡是不能讓談話愉快的東西全部移走。環顧你要進行會談的房間，問自己，什麼東西無法為談話加分。或許有很多，但接著認真問自己，什麼東西會阻礙你。只要是能移走的障礙物，全部移走。慎用三角陀螺之類的減壓玩具。便利貼和筆也拿走，除非真的用得上。

尤其要留意那些預示著你不想要的談話的可能會發生的東西。一間有著沒人會使用的講臺的會議室——這是惡兆的一種。別人的白板畫意味著別人的對話和你的一樣重要。

儘管關於職場中「乾淨辦公桌」政策的想法存在不少爭議，但許多研究顯示，工作場所的混亂無序和「情緒耗竭」（emotional exhaustion）、決策疲勞等感覺有著密切關係，而這顯然不是你會想引入任何創造性對話的關聯。凌亂的辦公桌，還好；凌亂的會議空間，不太好。

把白板擦乾淨，談話的陰影消失了；確保沒有一堆空座椅，這會讓空間顯得落寞；把桌上的東西清乾淨，不相干的便利貼，咖啡杯，當然還有手機。在家裡也一樣：清理餐桌上的雜物，全家一起擺餐具。別和帳單、未開封的郵件一起晚餐，而要選擇你的用餐搭檔——即使只有你自己。

這是你的談話，好好整理它。

添加物品

IDEO有句名言：「除非有樣板（原型），別參加開會。」這句忠告出自產品設計。在產品設計中，比起千言萬語，一個極粗糙的樣板更能讓客戶明白你所建造的東西。產品樣板可以激發、聚焦對話——這也是為什麼我在IDEO建立空間實務時，堅持一定要使用空間樣板。

原型在對話設計中很好用，但是把一樣真實的東西帶入房內——道具，能輕易催化出各式各樣的對談。因此，談話中所選用的道具，必須要能揭露一些原本隱藏的東西，例如某些情感。

二〇一六年大選後不久，我們在華盛頓特區主辦了一系列毫不留情的會談。參加討論的人形形色色——教育工作者、記者、政府人員。場上許多人有著截然不同的政治背景，談話具有高度敏感性。

對談很彆扭，很可能升高為不快，甚至發生爭執。我們需要某樣東西，好讓人們能表達歧見，而不至於造成嚴重衝突。

我們仔細考慮我們所選擇空間的情境。那是一場晚餐時段的會談，場地是一間熱鬧的餐廳，多少必須維持一定的風度。桌子是圓桌，我們想要具有融合、弭平作用，而非針鋒相對的談話。我們已經考慮了許多背景元素——空間、家具和擺設，但我們還需要一點別的……萬一談話卡住，可以推動談話繼續進行的東西。我們想要一種方法，來讓更深刻，甚至更隱晦、棘手的感情呈現出來。

於是我們增加了一個道具。

一位很善於設計優雅美麗物品的設計師，紐琪．吉塔希（Njoki Gitahi），設計了一個簡單道具，到今天我都還隨身帶著它。那是一張雙面圖卡。一面畫了一顆閃亮星星，另一面是一個帽兜黑影。亮星與黑洞。

卡片擺在銀餐具旁。我們提議與會者舉起卡片，黑洞或亮星都行，看他們對討論中的主題的感受而定。這道具讓每個人都能發言，在同一時間表達憂慮或希望。這張卡片讓談話充滿動力和參與感，卻不會讓任何一種情緒占上風。它是附加的，不會打斷談話。

我原以為人們會根據我們討論的內容舉起卡片。沒想到，無論發言的是誰，都會調整自己來適應全場的情緒——只有一點點。整場討論當中，卡片具有一種現場剪輯的效果。

接著，有一度，當有人談到她的女兒，所有人都舉起卡片，亮星的那面向前。

結果發現，幾乎在場所有人都有女兒。大家開始聊起了私事。有些人說她們沒和女兒一起去參加女性大遊行（Women's March）；她們由衷贊同遊行所提的主張，但也認為它有違自己的新聞專業。另外一些較保守的人對墮胎等議題很有意見，但還是參加了遊行，因為勸女兒別參加實在太麻煩了。

儘管與會者存在歧異，這場會談最終在對女孩深入而探索性的討論中結束，從幼兒到少女，她們如何發展，以及她們所承受的危險。那麼多與會者致力於維護女孩們，她們的女兒——的未來的這個事實，就在一顆亮星的短暫閃耀中被揭露。

人們帶著新的同理心和原有的政治信仰離去。道具以最簡單的手勢揭示了情感和對話途徑。

這正是我運用情境時所希望的。沒有合適的情境，我們將無法發現在場所有人的共同點，而這種共同點正是將他們聯繫在一起的東西。在談話難以開始，或者停不下來時，一個考慮周到、具有啟發性的小道具尤其有用。那天大家都帶了道具回家。我那張就釘在此時我工作的辦公桌上方。明亮星星那面朝著我，把情境調整到剛好讓我可以繼續走下去。

確定位置

位置——我們安排自己身體的方式和原因，也是情境的一部分。舉個例子，我們最常見的對話情境之一：一起坐在車內。計畫生育實際上建議說，乘車是和孩子坦誠談論性的最佳時機。並排的位置，或者前後排的位置，比較不那麼刺激，肢體語言沒有對抗性。沒了眼神接觸，艱難的談話也變得容易了，起碼你可以輕易隱藏它的難處。

如果你曾和某個朋友坐過長途車，或許就體驗過計畫生育的提議。也許你沒有大談性，但你很可能確實聊開了。並肩而坐緩解了些許潛在的衝突。你無法迎面看見同伴的臉部表情，而必須分心開車讓大腦在情況變得尷尬時得以暫時逃避。聆聽也帶著點沉思的味道。哥們電影通常是公路電影，電影《末路狂花》（*Thelma & Louise*）的塞爾瑪和露易絲要是坐在辦公室小隔間裡，大概不會變成好友。

有些情境會迫使我們進入某種位置——像是汽車、公共階梯或圓桌。另外一些情境則可以透過改變一下我們的位置，而得到轉換和調整。認真看待位置是改變不搭調情境的最佳辦法。

我們從小就了解坐在哪裡、怎麼坐非常重要。位置，以及它們擁有的力量，是我們能夠憑直覺掌握，卻不怎麼講究的東西。我們感覺自在的位置通常是由慣例、禮儀或現有架構和空間決定的。一旦你開始思考人們在談話中的位置，就會了解到，做為社會一分子，我們早已成為桌位專政的受害者。

越來越多關於認知科學的研究累積了我們的身體和大腦是高度同步的證據。人的想法不僅會影響身體的感受，研究還證實，我們的身體感受也會影響我們的情感面貌。這種「體現認知」（embodied cognition），身心相互作用——的觀點指出，強迫微笑這樣的小事可能真的會讓我們覺得快活些，或者，如前所述，把身體抬高幾級臺階，或許同樣會讓我們感覺更有希望。

你的身體可以改變你的想法。一夥人坐或站的方式對談話的進行有著無庸置疑的影響。人們願意說些什麼，甚至談話的結果，都可以透過變換一下位置而改變。我們所採取位置的慣例是可以改變的。沒錯，刻意的定位會讓人訝異，但也出奇地受到歡迎。

每次談話都有一個完美的位置，你只要找到它就是了。密切留意你的身體的感覺，或者某個位置帶來的個人記憶符號聯想。我們首先要談的是最簡單、最強有力的一種位置，圓圈。

其實並不神秘的圓圈力量

「這些圓圈是怎麼回事？」

我曾和日舞影展協會（Sundance Institute）執行董事凱莉・普特南（Keri Putnam）閒聊，當時她剛花了一天時間回顧日舞早期的舊毛片和照片，看見了一大堆圓圈。

日舞影展協會的藝術實驗室所在的土地是勞勃・瑞福在那裡拍攝《虎豹小霸王》（*Butch Cassidy and the Sundance Kid*）之後買下的。一開始他將這片土地做為電影拍攝休假之用，由於那裡原本是美洲原住民的居地，他把原住民儀式融入了實驗室業務。

凱莉問這問題時，她指的是那些儀式，但同時也是指協會的許多工作都是圍成圓圈進行的這件事。讀腳本圍成圓圈，影展的開幕和閉幕也都有圓圈隊伍。

站成一圈或坐成一圈感覺有點彆扭。圓圈感覺很自然，但又有點超出常規。在圓圈中，每個人都同樣顯眼，沒放桌子的圓圈需要圓圈裡的人來填補空白。

心理學家榮格說，圓圈「代表了心理基礎的整體性，或者用神話用語來說，代表了人的神性」。圓圈和精神力量、宗教和儀式密切相關。世界上許多部落文化都以圓圈形式集會或施行心靈儀式，婦女圈子是一種精神治療的實踐，福音派基督徒使用祈禱圈。太陽舞，日舞影展協會和影展的名稱來源——本身就是一種通常代表一年週期的圓形儀式。

在圓圈內或許真的有精神力量，但今天我們對這種力量有個更簡單的解釋：我們生活在方形裡。我們住在正方、長方形房子裡的正方、長方形房間裡，而且坐在長方形桌子前。當我們坐或站成圓圈，我們是在反抗我們對空間建構以及日常生活運行方式的理解。當我們坐成圓圈交談，我們等於完全重設了我們所知道的談話架構。

當空間和環境對你不利，坐成一圈是不錯的第一步。

如果躺下會如何？

我們很少在正式談話中躺著，但這是因為躺著會給人不拘小節的感覺。然而，這種不拘小節的姿勢在歷史上的重大對話中起了關鍵作用。

多年來，我有多次機會和希臘前總理喬治・巴本德里歐共事。在很多方面，我把他看作一位對對話以及對話如何發生有著獨到見解的導師。他的知識一部分來自他在危機管理上的第一手經驗，但我認為特別有啟發性的是他對希臘歷史的知識——數千年對民主對話如何進行的思考。

每年喬治都會在希臘的不同小島上舉行為期數天的會議。議題大都集中在熱門的國際事務上，然而活動本身相當輕鬆隨興。即使談話是在正式場合進行，桌子底下卻常有小孩在那裡玩捉迷藏。午餐時間很長，賓客會邊喝酒邊閒晃。一群經濟學者、企業家、政治人物和他們的丈夫或妻子、子女和孫子女從會議室移往餐桌——真正的對話就在這裡進行。一天往往在談話持續不斷、與會者半身泡在地中海的情況下結束，餐宴也多半以跳舞收尾。

這些會議和我參加過的任何會議都不同，但它們部分是源於三千年前一個關於創造性對話該如何進行的觀念：希臘酒宴（symposium）。

根據喬治的說法，這種酒宴是討論當時的哲學、藝術等問題的傳統論壇。許多希臘哲學家、詩人和政治家都會受邀——儘管都是男性。會中主要是討論重大議題，但同等重要的是參加者之間關係的建立，其中許多人被認為是希臘政治基礎架構——城邦（polis）之中的要角。

如果你見過希臘酒宴的舉行就會知道，它最獨特的一點是整場談話都是躺臥著進行——古希臘陶器常有描繪。躺椅、長凳環繞著房間排列，讓參加者躺著也能看見彼此。談話可以是針對複雜話題展開的熱絡、冗長而散漫的對話，有時可以長達數小時，甚至數天。但不太容易公開地針鋒相對；事實上，這種談話比較像是閒聊或私人規勸，而不是激烈的爭論。

希臘酒宴最早是在專為這類對話而設的場地舉行的。討論會經常被誦詩、歌唱和其他音樂表演打斷。席間會供應精緻的餐點，也會大方、戰略性地斟酒。酒宴（symposium）這個字源自sympa，意思是酒壺。倒酒的人——同樣被稱作Sympa，會留意那些需要多點潤滑才能開懷暢談，或者那些再喝一杯就會醉得語無倫次的與會者。Sympa可說是古代的一種有趣得多的調解人類型。

內森・克拉維斯（Nathan Kravis）在《沙發上的回顧：從柏拉圖到佛洛伊德解析沙發的壓抑歷史》（*On the Couch: A Repressed History of the Analytic Couch from Plato to Freud*）一書中指出，在歷史上，躺臥一直和社交對話和沉思說書密不可分。他認為，正是這種內在探索和公共分享之間的結合，致使佛洛伊德採用臥姿做為精神分析實務的一部分。

結果證明，躺臥可能是用於創造性對話的完美姿勢。如果它能引發情感的開放，這和人們對時間的奢華態度，以及參加者之間的耐心和坦誠有關。那麼，當我們思考控制談話的方式，難道不該把它列入我們的創造性調色盤？

站起來！

站著開會一向名聲不佳。關係到科技初創公司和編程思維模式，如今它們已和科技文化糾纏不清——無論好壞。但是要記住，站著開會已存在很久了。

站立的好處包括：它能讓你更機靈，提高活力；它能讓你集中注意力，擺脫不良姿勢，讓怪異的肢體語言消失，而所有的道具，無論好壞，都必須被擱在一邊。儘管它已發展為科技文化中的一種實務，起立（stand-up）其實是借用足球隊員在交鋒前聚商（team huddle）來為彼此打氣的動作。它很有效。

和麗思卡爾頓飯店共同打造「舞臺美學」的期間，我曾經多次參加該飯店的晨會。工作人員在空地或公司辦公室集合十分鐘。它可以在飯店大廳、會議室或走廊中進行。晨會在上午九點準時開始，由志願者輪流主持，每次集會都會談到一個重要主題和一些營運新聞，結束前通常會很快討論一下組織的四項主要原則之一。以我的經驗，晨會結束後每個員工都顯得更有活力而振奮。

站著開會最重要的一點是：它讓人有機會以真誠的方式和其他人見面、交流，而無須受限於典型的會議或對談的形式。一個聯繫上我們的集體價值觀的機會。請務必採取站姿，但也務必要思考你究竟主張些什麼。

席地而坐

你或許不太記得在幼稚園學到了什麼，但有些東西卻是從你五歲就一直跟著你的。

盤腿坐在地上就是我們無疑有著美好聯想的一個例子。也許是在圖書館裡講故事的記憶，也許是和家人一起野餐，或者只是在教室裡玩遊戲。還有什麼比你十幾二十幾歲時，正經八百的課堂安排被一個令人驚喜的春日和一個同意到戶外上課的老師給打破的感覺更加自由奔放？你可能不記得當時討論了什麼，但你八成留下了積極正面的印象。

二〇一二年，我和未來的參議員伊莉莎白・華倫（Elizabeth Warren）及其團隊合作，參與制定消費者金融保護局（CFPB）的交涉戰略。當時華倫還是一位直言不諱的哈佛大學教授，寫了一本關於美國金融不平等的重要著作。為了因應二〇〇七、八年金融危機而創立於二〇一一年的CFPB迅速成軍，辦公室分散在白宮附近的一棟大樓內。那裡有會議室、桌子、白板，但辦公室裡少了一樣東西——椅子。開會空間很充足，但明顯少了椅子。

我們會散坐在會議室地板上。當然，不可能重現典型政府會議桌的嚴格禮節，高級官員坐在桌前，基層人員一排排坐在後面。在早期的集會中，我們會盤腿而坐，全部混在一起，只要能找到空位，因此往往很難看見高官坐在哪裡，或者把他們和實習生區分開來。

當時，以及隨後幾年裡，CFPB的職場文化都是我見過合作性和開放性較高的。沒人會害怕發言，也沒人會不敢問艱難或愚蠢的問題。每個人都參與其中，而儘管我知道領導力和使命感在塑造這種文化方面發揮了作用，但我確信，這種合作文化有一部分產生於一個事實，也就是，至少有幾個月，他們的高層領導和員工被迫盤腿坐在地上進行他們最重要的戰略對話。

當我們終於搬進較正式的會議室，等級制度決定了大家該坐哪裡，但對話仍然吸引房間內所有角落的每個人。大家有了新的位置，但在地板上養成的行為仍然持續。

別把位置視為理所當然。製作座位表，躺下，要每個人站著，但是，不管你怎麼做，要支配位置，別讓它支配你。反省你有過的談話，它們給人的感覺，以及你所處的位置。這些都是息息相關的。開始留意人們坐在哪裡以及談話的感覺。當其他一切都無法調整，你可以改變位置。你或許無法選擇你所在的空間，但是選擇不同的位置可以顯著地重新調整該空間。

別浪費空間

就像你不會想要一輩子在同一個房間裡生活，讓所有談話圍繞著會議桌，被電話線纏住，抱著筆電，也嚴重限制了你可以從談話中得到的情感和參與的範圍。

這就是為什麼探索環境是件非常值得去做的事。

要學著理解空間的感覺和意義。為你想要的對話選擇空間——這會成為一種探索世界的全新方式。如果某個空間不適用，要毅然起身離開。另外找個更適合的地點。

同樣地，要留意道具之類的細微事物；它們能開啟嶄新的對話方式，或者帶來你意想不到的對話。

然後，當一切方法都不管用，就改變你的位置。藉由正確的位置建立正能量，可以在談話的任何時間、任何地點發生。

只要調整情境，無窮的創造性新能量正等著被釋放。也就是說，如果我們每天都在戶外草坪上課，最終這個位置和環境將會變得越來越不特別。過度使用這些工具——空間、位置和道具，會讓情境失去賦予它們力量的聯想。

節用真正獨特的情境，只有在面對重要對話時才使用。你可以隨意使用街角的咖啡館，但要保留一些較特別的空間。畢竟，特殊或特別棘手的談話類型值得你用上畢生難逢的空間——把修道院庭院保留給真正重要的談話。

中場時間：和平中斷談話

當我第一次應邀上臺主持一場有多位專家及名人參加的座談，我向一位專家尋求協助。

琳達・提許勒（Linda Tischler）當時是《快速企業》（*Fast Company*）雜誌設計編輯，擁有比我認識的任何人都多的創意主導的「臺上」座談經驗。她同意見面，並且給了我一些她學到的竅門。她提供了不少寶貴建議。當我們快結束時，她停下來說：

「還有，最重要的是，當大家說個不停，要文雅地打斷他們。」

「好，像這種時候，妳有什麼最有效的方法？」我問。

「我沒有。」是她的回答。

這次簡短交流就這麼卡住。肯定有什麼辦法，可以在人們滔滔不絕時打斷他們。

諷刺的是，「打斷」這字眼本身就有問題，像是會引起驚慌和負面意涵。就算你想尋找同義字，也只能找到像「插嘴」（break in）、「干擾」（interfere）、「闖入」（barge in on）甚至「刁難」（heckle）之類的說法。打斷別人說話，感覺就是很無禮——即使他們滔滔不絕。

然而，和平地，而且目標明確地打斷談話，可以對對話的實務產生強大影響。我們已討論過關於和平中斷談話的幾種情況，就在我們探索改變規則或暫時保持沉默之類的事情時。這是改變談話調色盤的重點之一。談話做為一種工作實務，值得我們好好觀察，和平中斷談話都在何時、何地發生，並且記錄下來。

考慮談話應該或需要在哪些情況下和平中斷。第一個也是最明顯的是我舉過的一個例子，有人（或者一個人數少但聲音很大的群體）有意無意在談話中嘮嘮叨叨或霸占發言權。為了讓新的聲音進入談話，中斷是必要的。另一個應當和平中斷的時刻是，當一場對話明顯四分五裂，或者眼看就要進入惡性循環，實質上已告失敗的時候。這時，中斷可以讓對話在徹底失敗之前復活。

在我和麗莎．科隆（Lisa Kron）的一次談話中，我們短暫觸及在劇場中中斷談話的想法——她曾因執導《悲喜交家》（*Fun Home*）舞臺劇而贏得東尼獎。她的一齣戲，《幸福》（*Well*），基本上是一個女人的獨白，但不斷被一個扮演她母親的女演員打斷。那人應該只是旁觀，卻忍不住一直插嘴。科隆談到戲劇中的中斷是一種「有目的性的能量轉變」。

這就是思考中斷和轉變背後的意圖。和平中斷的重點是刻意地改變能量，關鍵在於它的能量應該是善意、和平的。

我們從儀式中學得的和平——而有目的性的中斷，可以在對話的實務上發揮強大作用。以我的觀察，有一些非常巧妙的方法可以創造和平的談話中斷。以下是我觀察到的從簡到繁的三種。

沉默

快速決策的固有性質正是我們需要制定規則來讓它慢下來的原因。導演格羅因（Philip Gröning）聽說瑞士阿爾卑斯山上有個天主教加爾都西會（Carthusian）修道院。如今這些僧侶以恪守寧靜誓約而顯得獨特——雖然在歷史上並非獨一無二。當中有許多人在成年後的大半時間都住在同一座修道院。教規要求他們每週只能彼此交談一次，其餘日子都在靜默中度過。拍攝工作歷時數月，觀察僧侶們整整一年。格羅因最終完成一部近乎無聲的出色電影，記錄了這個修道會的獨特生活。《大寧靜》（*Into Great Silence*）在視覺上美麗絕倫，以獨特生動的方式捕捉了那個沉默世界和僧侶們的靈性。

關於該教會，最真實的一點倒不是拍攝工作本身，而是拍片前的交涉過程。導演向該教會提出了製作紀錄片的正式請求，他們表示會考慮並於稍後聯繫。當他們同意他的要求，他很欣喜，儘管他們過了十六年才「回覆他」。

或許有點慢，但這也揭示了一個信念，就是，想讓事情緩一緩，最簡單的方法之一就是，時不時安靜一下。

要人們暫緩做決策很難，而制定規則將沉默放入決策過程則相對容易得多，只要一丁點沉默，談話速度就會顯著慢下來，幾秒鐘的沉默更足以改變一群人的決策。在做出決策或者試圖達成共識之前，試試看暫停一下，安靜片刻。

既定的沉默在談話中太罕見了，以致輕易便能看見變化。七十年前，當約翰・凱吉（John Cage）那首至今仍具爭議的曲子〈四分三十三秒〉（4'33"）舉行首演，觀眾紛紛退場，四分半鐘的沉默實在是太彆扭了。我們會成群保持沉默，通常是為了追悼某人，或者安撫孩子，而不是為了改變談話方向。對某些人來說，這或許沒什麼，可是對那些習慣說話的人，這會讓人感覺尷尬到不行，而這是個好現象。

說得夠多了，靜一靜吧。

提問或評估一下

要和平打斷別人的話，最簡單的方法就是提一個問題。這招在有人獨占發言權時十分管用。問題能取悅人，也能顯示你對所說內容的興趣，同時又能讓談話中斷。試著問：「你能舉個例子嗎？」接著你可以藉機問其他人是否有類似經歷，這也讓談話從個人轉移到群體。

當談話毫無進展，就要求評估一下。我有個朋友，他描述自己在公司參與一次關於戰略的談話：情況越來越含糊不清，感覺像是談話離他們越來越遠——然後，會中有人問了這麼一個問題：「等等，我們暫停一下，問自己，『我們到底在談什麼？』」他們的答案顯示，他們確實全都一直在談論別的事。在那之後，他們重新調整，所有人只談同一件事。

唱出來

打斷某人說話會讓你覺得難堪、不自在，打斷一夥人說話則是十足嚇人。但是當你做了，而且做得很好，效果往往非常巨大。

阿米莉亞·溫格·貝爾斯金（Amelia Winger- Bearskin）是半美洲原住民，半猶太人。她在羅徹斯特郊外，由在柯達公司工作的父親以及擔任部落官方說書人的母親撫養長大。身為工程師，阿米莉亞既是試驗性的說書人，也是紐約一家科技顧問公司的董事。她同時也是一名歌劇演員。

有一次我和阿米莉亞開了一整天的會。我們在下午三點左右碰上連善意談話也會被弄擰的瓶頸。大家都累了，房間讓人有幽閉恐懼感，我們最終陷入僵局，不知該如何進行下去。

這時阿米莉亞舉手了。她在會議室裡顯得無比嬌小，年輕，蒼白，一頭黑髮，幾乎像個流浪兒。她問能不能為我們唱首歌。

有一道光
它即將熄滅
是今晚的月亮
它即將熄滅
我唱這首歌，親愛的寶貝
有一道光
有一道光
今晚它即將為你我而熄滅
有一道閃耀的光
是你，你是光，在今晚照亮
我唱這首歌，親愛的寶貝
有一道光
有一道光，今晚為你我它將永不熄滅

她的聲音那麼清亮有力，她的風采鎮壓全場。這首歌是她為兒子寫的搖籃曲，不過在當下的談話情境中，它提醒我們時間短暫，不容虛擲。

在這次中斷過後，我們決議共同調整當天剩餘的時間。阿米莉亞解開了會中每個人內心的渴望，以一種奇特、華麗的方式傳達出來。我們全都記得那一刻和它的結果，但直到今天，我們都還不清楚當初談話是怎麼走偏的。

音樂的引入不僅提供了和平的中斷，它還向我們透露了一些無法透過語言傳達、關於人們或某人的事。我們常看見音樂在許多特殊時刻被使用。例如，想想音樂是如何融入婚禮或葬禮。

我參加過許多在談話間歇時間播放音樂的會議，也曾遇過一位成功的媒體主管，她形容自己的聲音很糟，卻在會議開始時唱起一首歌，還邊拿著手機看歌詞。音樂小插曲能以類似沉默片刻的方式重新調整神經通路。

chapter 5

規範

如果人們了解規則，並且對藝術、幽默和創意有感，也就更容易接受改變。

——安塔那斯．莫庫斯（Antanas Mockus）

許多人以為IDEO發明了腦力激盪（brainstorming），事實並非如此。腦力激盪源於一位名叫亞歷克斯．奧斯本（Alex Osborn）的廣告公司主管的極度挫折感。當時是一九三〇年代，奧斯本的創意團隊不斷提出一些他認為太過局限、平淡的點子。於是他提出一種專為激發創意而設的小組會議的概念。最初他稱之為「系統性創意發想」（organized ideation）。或許有些諷刺，不過為了讓他的團隊敞開心胸，享受並發表創意，他建立了一套非常嚴格的限制。

最後奧斯本寫了大量關於創意的文章，並且成為最早整理出一套關於創意與設計背後的方法論的人之一。他獨創的四項腦力激盪規則及其背後的想法，至今仍然是說明規範為何能培養創意與合作的絕佳例證：

一、盡量拋點子
二、鼓勵天馬行空發想
三、排除批判
四、尋求組合與改良

先來看看奧斯本所說的「排除批判」。

「對點子的不利批評必須保留到以後再說。想在發揮創意的同時大肆批判，就像試圖從水龍頭同時得到熱水和冷水。點子不夠熱，批評不夠冷——結果只能得到不冷不熱的想法。我們會把批評保留到後續的審查會議中討論。」

畢竟，腦力激盪不是為了給出點子，而是要激發大量點子。你必須屏除批判，這樣大家才能任性、百無禁忌地拋出各種建議而不會覺得怪異。再來看最後一項規則：「尋求組合與改良」。換言之，以彼此的點子為基礎。他的目標是找出好的構想，讓它們變得更好。這就是為什麼這項規則是如此重要。它能確保所有參與者投入同樣的談話；他們必須傾聽所有被提出的點子，進一步發想，不斷加以改進。

在關於腦力激盪的文章中，奧斯本也梳理了一個想法，那就是在接下來的「審查會議」中，規則將會改變，而批判也會被允許。在我們討論規範時，這一點很重要：不同的行動、目標和活動需要一套不一樣的限制。當我們在本章探索規範的調色盤，我們將研究如何建立限制，以及我們在何時何地可能必須改變這些限制或「改變規則」來獲得新的成果。

當你和任何設計師交談，他們免不了會對規範的優點同聲讚揚。在一個崇尚「跳脫框架思考」（out-of-the-box thinking）的世界，一開始有個框架，會比較容易推動創意實務。規範可以確立談話的節奏和步調；它們可以在談話陷入僵局時提供中斷的方法；它們也可以讓你在談話目標改變時調整方向。正確的規範可以讓我們的談話產生創造性差異。規範會激發創意。

釐清規範

我的朋友、設計了領導力培訓方案的席歐米（Eddie Shiomi）對規範做了深入思考。他有個比方：想要進行一場沒有規則的對話，就像試圖在沒有把手的地鐵列車上保持平衡。「你不斷朝不同方向伸手，卻找不到東西可以抓。」

在為寫這本書進行調查時，我最常遇到的一個問題是：「你信奉什麼規則？」提問者想的可能是一般會議室、政府組織和其他正式場合最常採用的《羅伯特議事規則》，或者職業學校常用的蘇格拉底詰問法（Socratic method），或者辯論比賽規則。我的答案通常是「全部」。我基本上是個「規則控」（rule-curious）。

我的推論如下：如果規則是規範對話——讓它更好的方法之一，那麼任何一套規則或更多規則都是合宜的。對我來說，真正的重點是：什麼樣的規則最能滿足談話的目標和調性，以及這些規則是如何制定的？最後這個問題非常重要，因為我們往往遵循某些規則，卻不清楚它們是怎麼來的。

回到我的上一個關於良好對話的原則，沒了明晰，就很難在嬉戲和進步之間找到好的平衡。這正是規範發揮作用的地方，但前提是你必須知道它最初是怎麼制定的。

共同建立規範

這是另一個重要的可能性：共同建立規範。這是一項極為有價值的實務，因為集體規範協議不只能建立秩序，它還能建立群體。全美各地的小學教師在這方面十分擅長，他們使用的一種通常被稱為「回應式課堂」（responsive classroom）的教學法。

學年開始時，回應式課堂教學模式要求學生和教師首先要共同確立他們對未來幾年的希望和夢想。接著，他們會慢慢琢磨出一套可以幫助學生達成這些希望和夢想的規則——這些規則將引導他們逐年實現目標。

教室和學校會把規則貼在牆上——幾乎是以壁畫的形式，藉以提醒社群他們自己所建立的規則。

這構想具有簡言之的樂觀性，認為規則是為了達成願望而存在。這就是為什麼他們的規則被改造為正面行動。例如，他們不會說「別說粗話」，而是說「多說好話」。當你從負面轉為正面，也就改變了規則的角色，例如用「安全地移動」取代「不要跑」。這些正向規則有助於你理解自己渴求的感覺和群體。有一所學校的第一條集體規則是「享樂！」，我最喜歡的一條規則。

規範也需要規範

所以，讓我們把它運用到談話的規範上。

（依我看，就連稱它為規範，都是在效法回應式課堂實務。）規範是正面的東西，規則則有負面的意涵。規則令人害怕，規範讓人解放。規則給你束縛，規範給你自由。

因此，首先，確立談話的目標和調性。大家一起。修改規範，讓它切合目標。認真點，寫下來。展現出來，別把它們忘了。唯一比沒有規範的對話更糟的事情是，有規範的對話但老是被破壞或忽略。

我了解到，在對話中加入規範可能會相當嚇人，因此我要提供關於規範的四個規範：

一、要具體：模稜兩可的規範簡言之是毫無價值的。如果需要解釋，或許就算不上是一條好的規則。規範應該盡可能簡短——明確讓你知道它要你做什麼。沒有任何好的規範是要求人們停下來思考，是否該或為何該在談話中使用它。

二、要正向：這項同樣是效法回應式課堂實務，也是我一直堅守的。我們太習於讓規則來告訴我們什麼不該做，這也是一開始我們可能會排斥在談話中使用規則的原因之一。所以，要制定一些告訴你該做什麼、你渴望成為什麼樣的人的規範。任何規範都不該太複雜或太過局限，以致讓你憂心自己創造對話的能力。我們的目標是交談，不是操縱它。

三、要出奇招：出人意表的規範能提醒參與者，談話實際上充滿創意。當你瀏覽本章和本書中討論的各種對話形式，你會發現，其中有些都有一項「不按牌理出牌」的規範。「保持沉默」，「向你贊同的人靠攏」，「盡量拋點子」等。這些令人意外的規則往往是能夠徹底重新界定談話的規範。

四、要簡短：我建議最多四條規則。想讓團隊接受並且牢記，四個已算相當多了。更重要的是，一旦你列出五項或更多規範，你等於是在要求人們適應一個系統，這跟學習如何對話的指導原則完全是兩回事。我參加過許多遵循《羅伯特議事規則》的會議，我發現那些對話都相當壓抑。規則太多，很容易讓你疲於釐清規則，而不是緊抓你有意經營的談話內容。你不是在交談，你只是致力於遵守行為準則。

接下來，我們將討論三類規範以及它們帶來的好處：關於時間的限制，以及它們如何讓我們更有生產力，並且推動對話的進行；讓事情更公平，並擴大參與的規範；最後是讓我們能針對構想做出批判並進一步發想的規範。

記住，你不必永遠活在規範中；你可以、也應該改寫它們。別花太多心思擬定一項規範，結果卻窒礙難行。只有實際把它運用在談話中，才能了解它是否真的有用。

時間規範：快、慢與暫停

要影響談話的基調和方向、思考的性質和成果類型，沒有比設定時間規範更簡單的方法。這正是議程的功能所在。簡言之，它是一套關於時間以及如何運用時間的規範。

議程會告訴我們何時能說話，何時不能。他們提示哪些事必須在哪些時候發生，以及我們該花多少時間來讓這些事發生。它能控制決策的進程，和討論的審慎程度。當我們籌劃一場創造性對話，不妨把議程當作一套規範。這是我們能發揮的最重要的創造性影響之一。

回想你參加過的某個會議、公共論壇、專業發展研討會或別的討論會。所有會議都是一種極大的談話形式，也因此它們都受到一種極大的議程形式的支配。

多數會議會力求以一種審慎的方式對話：上午是四場四十五分鐘的會議，下午是兩次九十分鐘的「分組討論」。四場上午的會議是聽臺上的人說話，包含一組來賓，起碼上午結束前會有一組。下午的會議，諷刺地稱為「包圍突破」（breakouts），會有比較多的互動，或許有個活動，或者集體討論。我猜你大概參加過這樣的會議。事實上，我猜你很可能參加過很多次。

還有會議顛覆者──在這方面TED演講是最知名的。TED的創舉之一便是徹底打破傳統會議的節奏。人們被要求把內容放入緊迫的時間框架，感覺上幾乎放不下內容的時間限制。如果你進行一場TED演講，你最多只有十八分鐘時間。不管你喜不喜歡TED，它確實為會議創造了全新的模式和節奏，TED Talks可謂內容傳達的創新，激發了許多形式最精煉的構想。

如果你不喜歡這種形式，可能是因為你經歷的是一個糟糕的版本。我們一直渴望會議空間能有創造性差異，因此像TED一樣的形式便成了最佳解方。因此，如今，當你去參加一場會議，你可能會有一個包含八或十個十八分鐘會議的上午議程，而不是以前常見的四個四十五分鐘會議。

當我們為一場談話或會議設定議程，我們也會致力於同樣的模式設定。我們會嘗試建立一種審慎、合理而公平的時間安排和形式。這是一個巨大錯誤。

畢竟，一場節奏良好、富有創意的談話的最大敵人就是，在討論中塞進太多東西。我們迫切地想通過和開放式討論相關的不確定性，來達成某種決議。

另一方面，在交談時，我們應該建立一種好的節奏，但不必然是穩定的節奏。創造性對話應該允許在適當時候偏離主題，但其他時候則要嚴格；步調要能變化，而節奏要緊湊。創造性對話應該要能時而加速，時而慎重，必要時完全停止。

畢竟，不同時刻、不同活動和不同的談話內容，都需要不同的節奏。

加速

回到本章開頭的腦力激盪例子，我們會發現在會議的某些部分加速的價值。

加速就類似之前我們討論過的站立開會。加快速度能刺激身心，同時能抑制過度思考。也因此人們常會設定規範，來鼓勵創意發想模式中的速度：「讓我們在接下來十五分鐘內丟出一百個點子。」這是快速思考的好時機，但速度同樣適用於我們需要緩慢思考的主題。快速發現問題、緩慢解決問題會帶來許多好處。

我曾應邀為紐約一家美術館的董事會主持一場戰略規劃會議。他們希望董事會考慮該機構面臨的幾個急迫問題，並獲得些許共識。我得到的時間相當充裕，但我選擇了速度，而且只使用會議的最後七分鐘。

會議即將結束，薄暮籠罩著紐約天際線，馬上就要上酒了。這時我請大家和身邊的人配成一組，兩人花五分鐘時間，找出他們機構面臨的三大問題，以及一個他們認為可以解決問題的辦法。只見他們一臉詫異，甚至驚慌。但由於時間緊迫，他們別無選擇，只能理出一份清單來。

別害怕在我們習慣拖泥帶水的時候採用速戰速決的辦法。

更重要的是，速度在這裡和在創意發想中的作用是一樣的：較少的時間意謂著較少的自我審查。之後，談話變得熱鬧又活絡——顯示這群人對他們面臨的問題充滿創見和激情，彷彿他們已經發明了一百種解決方案。

慢下來：明智的暫停

當你打算進入探索模式，強制的加速規範非常有用，但是在你需要做出重大決策時卻是有害的。

說到領導力，我們往往過於看重果斷性。我們繼承了這樣一種信念：領導力就是快速、自信的決策制定，而不是深思熟慮。「任何決策都強過沒有決策」這句話乍聽之下很有道理，只是，當你停下來想一想，顯然並非任何決策都強過沒有決策。當我們進行交談，我們的終極目標不必然是行動，而是進展。推動一個構想，探索這個構想，但不見得要實現它。

當情況變得困難，我們通常會加快速度，而這往往會讓危機升級，而不是緩解。危機當頭，人實在很難理性地處理訊息。

最高法院審理庭速度快得令人咋舌。通常持續約一小時，各方有三十分鐘可以陳述案情。即使時間如此短促，大法官仍會向律師們接二連三提出各種問題。一回神已經結束了。

可是討論尚未結束——才剛開始。接下來幾天、幾週或幾個月的評議。個別法官會和他們的書記官進行非正式談話。法官們會有一個正式會議，在會上進行投票，並做出決議。終審見解由一位法官擬定，在開庭期結束前公布。因此，儘管口頭辯論看似快速，審議過程卻相當緩慢、思慮周密。

好吧，這算是極端的例子。要求任何團體放慢決策速度是件難事，但設定沉默規範則相對容易。而且只要一丁點沉默就能讓談話速度大為減緩，幾秒鐘的沉默也能改變團隊的氣氛，為歧見和探索創造更多空間。

所以，在做出決策或試圖達成共識之前，不妨暫停，沉默片刻，一分鐘就好。沉默是你所能做出的最和平的干擾。

回想上次有人要求你安靜一分鐘，你或許會記得一分鐘有多長。當前衛生署長穆爾西（Vivek Murthy）和他的團隊研究壓力和焦慮在美國的流行程度，他開始思考如何在整天討論壓力的員工會議上減少壓力。他的解決方案很簡單：沉默一分鐘。「你知道，有時候你會做五分鐘冥想，但感覺像沒完沒了，心不在焉，實際上會有反效果。只要一分鐘，一分鐘的長度剛剛好。」

沉默不僅能減少談話中的焦慮和壓力，還能激出創意和開放性，有助於避免危機思考。心理學者奧爾加・萊曼（Olga Lehmann）說，當面臨重大人生抉擇，我們會感覺到討論和行動的壓力。但是她的研究顯示，沉默能啟動我們大腦的「預設模式網絡」，也就是我們做白日夢或幻想時大腦活動的部分。沉默能讓大腦有時間從立即表達轉換為創造性的省思。

你也可以在談話中設計這樣的時刻。通常人會選擇談話一開始就沉默片刻，但不妨把它安排在稍後的時間。把它放在整個討論過程的三分之二處，大約是一小時談話經過四十分鐘的時候。預留它，把它放進議程表。你是在設定一個和平中斷的「定時炸彈」。如果你願意現在就做好安排，稍後它可能會為你重啟談話。

說到這裡，讓我們改掉一整天開會的壞習慣。

丹尼爾・品克（Daniel Pink）在《什麼時候是好時候》一書中談到，我們每天的情緒周期如何在早晨上升，到了下午逐漸下降，直到傍晚才又達到頂峰。我們了解這點，也感受得到，卻老是忽略一個觀念，亦即我們的身體參與了我們的好壞決策制定。當我們整天開會，通常會把最重要的對話放在下午兩點到六點的時段進行，而這些時段是我們最欠缺談話所需的精力和專注力的時候。

因此，當應邀設計對話，我會向客戶提出一套簡單的規範：在幾天內進行多次較短的談話，所有談話都在下午兩點結束。為了從一場談話獲得決定性的行動，最有效的舉措或許也是最違反常識的。這些巧妙的暫停給了你重要談話該有的休息時間。

我發現第一段會議往往問題一大堆，相當混亂。基本上，第一天往往有點令人失望——甚至非常失望。所以說兩小時就夠了。第二天，面對同樣的可能性和同樣的問題，感覺似乎可以解決，而且一群人在這處境下過了一夜，方向似乎也更清晰了。

無論是一分鐘或一個晚上，關於緩慢和巧妙暫停的規範並非要求一個團隊少些果斷。它只是增加一點省思的機會，而這實際上能確保最後的決策更好、更完善、更深思熟慮。

發揮平衡作用的規範

一場從未實現的有趣決鬥，就發生在時任伊利諾伊州眾議員的亞伯拉罕·林肯和該州審計長詹姆斯·希爾茲（James Shields）之間。《決鬥法典》（*Code Duello*）是一套管理決鬥藝術的規則，建立於數世紀之前，但接下來數年，規則不斷更動演變。因為在多數情況下，決鬥的目的是為了彰顯榮譽，而不是除掉或傷害任何人。也因此會有像「初戰告捷」（first blood）這樣的規則，允許挑戰者只要逮住對手就能宣布得勝。

到了一八四二年，當希爾茲和林肯準備決鬥，普遍的做法是挑戰者便是制定決鬥規則的人——在這例子中是林肯。林肯，不愧是林肯，建立了一套相當極端而聰明的規則：他選擇了笨重的軍用腰刀，而且雙方不能靠近對方十二呎內。基本上，他建立了一套確保兩人都能毫髮無傷通過決鬥的規則。最後，希爾茲和林肯被勸服放棄決鬥。林肯表達了歉意，而對手希爾茲也欣然接受。

我喜歡這個故事，因為它提醒我們，規範可以確保對話的安全和公平。

簡言之，林肯制定新決鬥規則時的做法，是讓兩人在搏鬥中更難以互相傷害，實際上很大程度消弭了決鬥的戰鬥性質。

重要的是要記住，就算你在談話中覺得自在而安穩，很可能席間有人並沒有同感——你或許會驚訝是誰讓他們不舒服。

常有人對我說「我希望談話有點衝突」或「我很樂意接受健康有益的辯論」。而實際上，越是這麼說的人，往往越有能耐面對談話中的辯論，且能嫻熟地處理衝突。但是並非所有人都如此。創造性對話可以包容、回應衝突，它可以確保辯論是「健康」的，但要做到這點，需要對話中有些規範，來提供適當的平衡。

批判可以是善意的？

批判的概念以及它的進行方式是個有趣的類比，能讓我們探索如何在創造性對話中提供平衡。

在我的工作中，以及在許多創意工作中，我們常得面對必須每週甚至每天提出各種批判的狀況。我發現，唯有通過明確、有條理而人道的規則，才能讓批判成為日常工作流程中被人接受的一部分。批判評估是我們日常生活的必要元素。它發生在教師和學生之間，雇主和員工之間，還有家庭內部。有時候，批判需要人給另一人或許多人回饋意見，但如果能對它的進行方式有個周全的規範，將可以改變批判給人的感覺，讓每個人更能自在面對批判。

鑑於我們剛在前一節討論了時間和步調，在此我就不贅述這個事實了，亦即批判的最基本規則是以批判何時以及多快發生為中心。不要在某件事應該完成的前一天提出批判，因為這種時間框架沒有用處。別在一天結束或一週結束時提出批判，這都是根據生理節奏設定的規則。反之，要選擇我們的身心最有活力的時段。把批評安排在一天的開始，而不是在漫長下午結束前的精神不濟的最後一刻。再說批判工作也需要花些時間。我通常會安排九十分鐘來進行點子的審查和批判；這會把談話從審查轉換成集體工作。

但是批判最重要的元素是界定範圍。因此我會從一些設定審查範圍的問題開始。**你喜歡什麼？什麼不能更動？你需要幫助的具體事項是什麼？**這就具體劃出了談話的範圍，什麼可以處理，什麼必須保留。

當你用這種方式開始批判，等於給了那些即將被批判的人許可，讓他們設定關於什麼可以被批判的規範。這是集體協商的時刻，為一場具有挑戰性卻又十分安全的對話奠定了基礎。這和《決鬥法典》其實沒什麼不同——挑戰者可以為決鬥設定規則。

和任何事情一樣，批判界也有風潮，大量努力被投入「如何提供意見回饋」的領導力訓練。有簡樸的方法論，例如「給個批評夾心」——夾在兩個讚美之間的批判。還有更複雜的，像是對「徹底坦率」（radical candor）進行探索的四個象限架構。以我的經驗，缺少意見回饋訓練可能是件危險的事。領導人往往被教導以「我能不能給你一點意見？」做為開場白，但我發現，問「我能不能給你一些關於……的意見？」會好得多。具體點。就像設計批判，如果能指出「某事」而非「某人」，將會很有幫助。

當你用問題做為批判的開頭，並邀請對方設定規範，如果對方回答「以後再說」，是完全合理的。規範不單是關於你從事什麼，以及如何從事，同時也關係到「何時」開始。建立並共同創造關於批判的規範，其好處在於，它可以建立一種平衡關係，並可提高公正性。

透過正確的規範，批判可以從痛苦的領域轉向相對快樂的境地。過去兩年，我和我的編輯為這本關於對話書展開極為密切的合作，來回審查各個章節。因此，我們有一套相當協調的批判規範。現在他可以寫一張像「你腦袋壞了」之類的關於某章的便條給我。我不只會同意，還會覺得好玩。規範絕對可以讓你得到解放。

語言的規範

我在大學修過一門叫做比較革命學的課程。我已經不太記得各種革命理論了，但我學到一個至今難忘的非常簡單的規則。我的教授達留斯．雷賈利（Darius Rejali）規定，任何學生的評論都不能以「可是」開頭。依雷賈利的看法，「可是」這字眼代表了對抗，並在對話中製造一種「衝突意識」。

藉由規範我們應該警惕的用語類型，雷賈利實質上提出了一種對衝突的「說明」（tell）。由於談話中禁用「可是」，我們不得不重新構思我們的評語，因而將談話的性質從對抗轉為合作。

有趣的是，「可是」同時也是即興表演中被視為禁忌的用語之一。即興喜劇有賴於表演者之間的持續互動和合作，需要某人提出的任何想法都得到其他人的支持和信賴——也就是讓這位表演者有好的表現。然而「可是」卻被看成一種代表某人的構想會遭到破壞而非吹捧的語言提示。

說出帶有負面意涵的字句，能讓人把一個人的語言和他本身區分開來。

建立「說明」不只是對特定用語保持警惕，它還能應用於一些微妙的行為上。我曾和一個綜合性非營利組織合作，某次一位領導人正滔滔不絕講話，他突然停下，說：「浪費」（waste）。起碼我以為他是這麼說的。結果，他說的是「腰」（WAIST）一組首字母縮寫。

我問那代表什麼。原來WAIST是一個疑問句：「我怎麼說個沒完呢？」

（Why am I still talking）這是該組織制定的一種規範，當你說話岔了題，當你說的話不見得有助於推動談話，當你說的話了無新意，你可以打斷自己。

這次我要打破我對首字母縮寫的使用習慣，因為WAIST真的有效。你一旦聽過它代表的意思，它就會一直跟著你，而且它幾乎馬上改變了我自以為的參與談話的方式。

你在生活中的所有對話不見得都是平衡和諧的，但起碼你最重視的對話應該要如此。而規範的存在正是為了幫你做到這點。

重新思考規範

一九六六年小野洋子展出一個名為「白色象棋」（White Chess Set）的藝術品。顧名思義，那是一套棋盤和棋子都是白色的象棋。在棋盤底下刻了一行字：「只要你記得所有棋子的位置就能一直玩下去的棋盤。」這是極其簡單的反戰作品，因為這些新規範使得下棋從一場輸贏較量變成一場永遠贏不了的戰鬥。只要你記得，就能繼續玩下去。

二〇一五年，為了小野的個展，紐約現代藝術博物館複製了這件作品，讓參觀者能實際體會一下。教育策展人溫蒂．溫（Wendy Woon）發現，當人們開始忘記自己的棋子位置，並沒有停下來，而是開始商量新的遊戲規則。他們建立新的、而且往往是共同的目標，好讓遊戲繼續下去。不僅如此，他們還會開始就原作的政治意圖展開公開、熱絡的對話。他們改變了規範。

它幾乎完美說明了我的上一個觀點：別只是設定規範，以為它們能起作用。設一個規範暫停時間。在談話中停一下，挪出一點時間來評估規則是否發揮了作用。如果答案是否定的，想想可以做出什麼改變，好讓它們運作得更好。像是在議程中加入片刻靜默，安排一點時間思考規範內容，以便了解如何讓它們發揮最大效用等等，都會很有幫助。

安卓雅．連恩剛接掌杜威學院時，她描述那是一種規則超載的狀況。數十年當中，一層又一層規則疊床架屋。有些是基本的，例如「禁用毒品」。但有的相當模糊，像是「每次只准一人進入洗衣間」。於是她進行了規則大掃除，把它們全部清除，從頭開始。

畢竟，規則不是物件，不是被製造出來然後永遠跟著你。規則是對話的軟體：可以被編寫、試用，然後改寫。創造性對話的最大風險之一是把規則看成固定不變，而不是一套必須加以試驗、使用，然後在它們達不到預期效果時移除的規範。

創造對話：預感時刻

我初次遇上所謂的「預感時刻」（hunch hour）是在作家兼政治運動者考特妮．E．馬丁（Courtney E. Martin）主持的一場討論如何撰寫觀點文章的研討會上。這構想太棒了，我幾乎立刻把它偷過來，親自用上了。這遊戲是一場多日研討會的開幕會議。它大體上是一種測試讀者投書觀點的新聞價值和相關性的方法。

會議開始時，先要求一組人輪流拋出一個預感。它可以是個人的，或者針對某個特定主題。預感可以很簡單，像是「紐約的人們會熬夜」，或者像「大家不再關心真相了」這類較複雜的想法。

接著，要求席間其他人「認可」或「複雜化」。為了這麼做，你必須提出支援或反對某個預感的證據。證據可以是一篇關於該主題的學術文章，也可以是你親身經歷過的事。你必須有證據，才能認可或複雜化某個預感。

這就是「預感時刻」的運作方式。在一小時談話中，人們會和在場的人分享自己的想法，並且根據意見回饋，以書面進一步推動這個想法，或者完全放棄它。這不是腦力激盪——幾乎相反。這場會議不是為了天馬行空拋點子，而是提出一些不成熟的點子，賦予更多分量和證據來讓它們發揮作用。是為了推動有趣的點子。

儘管我「借用」了這種對話形式，並成功使用了多年，我很想知道它的靈感來自何處，於是我聯繫考特妮以便深入了解。

預感時刻是完美的對話例子，事實上，它的本質是對話，而且它建立在我們對明晰、投入和規範的探索之上。考特妮有一套她想實現的目標。她想提供一些關於文章構想的意見回饋給參與者，但她也想讓一個彼此不熟悉的團隊互相聯繫。她想要一種諧趣的氣氛，這時語言就很重要了：預感（hunch）這字眼不會太沉重。如果你把它換成假設（hypothesis），不會有人想參與。你不會和一屋子陌生人輕鬆交換假設，大概也不會輕鬆批判別人的假設。

同樣地，「認可」（confirm）和「複雜化」（complicate）這兩個用語也都是斟酌過的。這不是同意或不同意，認可和複雜化比較溫和。它們指出一個方向，但又不決斷。「你知道，很多參與者是學者，」考特妮告訴我：「很喜歡批判某個論點，而我真的很想避免這種行為。」順便一提，這也是為什麼我發現這做法在基金會和慈善機構中運作得極為成功；同樣的批判習性深植在他們的文化中。

一小時的時間限制也很完美：足夠涵蓋一堆想法而不至於深陷其中。對支持性證據的要求讓談話能推進一個想法。你可以複雜化或認可，但必須認真貢獻出必要的談話內容。這樣的規則鼓勵了參與，也讓人們共同參與到他人想法的品質和發展。

總之，本書有許多內容是在討論規範。規範能帶來更多平衡與自由，但它們還有更多作用：它們能幫助你朝著特定目標前進，建立特定的談話調性。而且，最重要的是，正如我們在小學課堂上看到的，規範還可能讓你陳述出來的夢想成真。

中場時間：認真看待遊戲

我們探索的問題——新規則、新位置、新空間、活動和新的傾聽模式，是讓一個好遊戲成功的基礎。也因此，當我為有效能的對話設計模式，常會透過遊戲尋找靈感。

以下是我從認真看待遊戲而學到的五件事：

遊戲歷久不衰

遊戲標示著一個社會中有哪些話題是可以隨時討論的，但當今我們的許多遊戲的架構往往已存在了數千年，它們反映了人類選擇的許多互動方式的悠久歷史。

當我和遊戲設計師、現任Zynga電子遊戲發行公司遊戲採購主管吉姆．史登（Jim Stern）交談，他概略描述了遊戲的演變。依他的看法，遊戲實際上有三種類型：我們熟悉且存在已久、已被驗證具有成功模式（proven）的遊戲；改進、變更那些經過驗證的遊戲，但仍然依循相同遊戲原理運作的更優的遊戲；以及實際上比你想像中罕見的全新發明。

尤其是「經過驗證」和「更優」的遊戲類型，都提供了一些線索，可供你在思考該如何設計對話時使用。一個簡單的例子就是「奪旗」（Capture The Flag，CTF），這遊戲已被無數孩子玩了至少兩個世紀。有些人認為，這個遊戲是直接取材自實際的軍事戰鬥，以奪取敵人的旗幟做為戰鬥結束的訊號。

在我的童年，「奪旗」是一個四處蔓延的大型遊戲，可以涵蓋多達八個城市街區，一直持續到晚上。類似的遊戲在今天或許並不存在，然而它已經進化並被「更優」的新版本給取代。例如，我見過一個夫妻團隊採用它來建立企業團隊。他們在紐約中央車站等地設置了許多成人「奪旗」遊戲場。藉由改變地點、參加者和目標，實際上讓遊戲成為一種傳授合作和溝通技巧手段。

在遊戲中學習

遊戲可以傳授經濟理論，就像伊莉莎白・馬吉（Elizabeth Magie）設計「地主遊戲」（Landlord's Game）的初衷。它可以教導道德，就像十八世紀的「幸福大廈」（The Mansion of Happiness）：一種寓教於樂的遊戲。有時候，遊戲會教你一些讓你永生難忘的知識——不管是否有用，就像所有玩過「誰更聰明」（Trivial Pursuit）機智問答遊戲的人都能證明的。

發明於一九三五年、做為「地主遊戲」改良版的「大富翁」已風行全球，而且有很多不同的變形——你可以在任何一家Target連鎖店發現青少年版或冰雪奇緣版大富翁旁邊放著星際大戰版大富翁。這遊戲之所以歷久彌新，並非因為懷舊，或者市場經驗，而是因為它教會我們更多基本技能：談判藝術、交易制定和戰略夥伴關係。

找一群人再度玩這遊戲，你會發現，或想起玩「大富翁」的技巧在於知道何時該交易，何時該給予，何時該和對手談判或合作，來達到贏得遊戲盤的最終目標。如果把這些技巧運用到對話中呢？這些技巧會適用在哪裡，又會在哪裡令人迷惑？

遊戲轉移權力

遊戲是練習新規則和變換權力角色的簡單方法。「宮廷愛情」遊戲——流行於中世紀歐洲的貴族階層，是一種女性要求男性追求者在她們面前表現雄辯才能，藉以贏取她們芳心的遊戲。這遊戲可以建立一套在當時十分重要的技能：如何用得體的宮廷語言讓人折服、信服。然而更重要的是，這遊戲顛覆了傳統的權力結構，讓控制權短暫掌握在女性貴族手中。在這情況下，她們成了何謂聰明機智的仲裁者。

我們不必看得太遠，就能找到當今同樣能改變權力平衡的遊戲。「比手畫腳」（charades）是一種最「經過驗證」的室內遊戲：一個人不用言語而用肢體演出一個短語或題目，其他人試著猜出他想描繪的東西。像「猜猜畫畫」（Pictionary）就是這個遊戲的「更優」版：一個人拿到某個題目或概念，然後用圖畫的方式傳達給其他人。讓這些遊戲發揮作用的前提是，它讓一群人暫時無法使用某個共同技能，在這情況下，就是言語。

「比手畫腳」遊戲行得通，是因為它讓比賽變得平等——通常被稱為「讓步賽」（handicapping）。變平等的意思是，那些對某件事特別擅長的人無法依賴這些能力——在這情況下，是言語。而那些擅長肢體表達，或者視覺語言的人，則暫時占有優勢——就「猜猜畫畫」而言。

同樣地，你也可以在談話參與者不平等或者立足點不平等時運用讓步賽。想像一下，如果你中止一場對話，要求某人不說話地解釋他的觀點，會是什麼狀況？如果你要求大家靠近或遠離某人，來表達他們對他的同意或不同意，會是什麼狀況？

好遊戲都有好原則

遊戲的本質是玩耍。遊戲或許具有競爭性和挑戰性，但它們必須好玩。遊戲不一定要愚蠢或傻氣，也能充滿樂趣。

「新遊戲」（New Games）運動發生在一九七〇年代，鼓勵群體共同朝一個目標努力——例如共同舉著一個代表地球的大球越過運動場，不讓它觸及地面。

史都華．布蘭德（Stewart Brand）是《全球型錄》（*The Whole Earth Catalog*）雜誌的推手，他也創造了一個最早的「新遊戲」。他在一篇文章中提出他認為的，一個好的「新遊戲」具備的五原則，這些原則也適用於進行良好的談話——不用說，也能用於創造美好生活。它們是：寬恕、懸疑、激烈競爭、機智和儀式。

有時遊戲就是對話

Zynga公司的遊戲設計師吉姆告訴我，當他還是十來歲的屁孩時，經常是一放學回家，他母親就要他坐下來陪她玩幾局紙牌。直到多年後，他才了解到，在這段簡單而放空的紙牌時間裡，他和母親會相當親密地閒聊他的學校生活和交友狀況。遊戲中微妙的注意力分散，類似「創造性傾聽」中討論的催眠式傾聽的狀況，讓他以平常做不到的方式敞開心胸。這也成了他從他的孩子們上大學第一天就開始施行的做法。

從遊戲中我們能學到的關於對話的最棒的事情之一就是，遊戲中有輸有贏，但那終究只是遊戲。在多數情況下，我們不會對輸掉的遊戲耿耿於懷——當然也有例外。正因如此，我敦促大家去發掘遊戲中有什麼好東西可以實際運用在對話上。當你開始認真看待遊戲，你會驚訝我們竟然沒有多利用它們來激發我們的對話。

chapter 6

改變

有些時刻會提醒我們，我們全都出自同源。

——黎安農．吉登斯（Rhiannon Giddens）

「我們全都十分吃驚、難為情。默默坐在那兒看了二十分鐘，但總算熬過去了。」多娜里，一位自稱是鹽湖城虔誠基督徒的七十四歲老婦，向我敘述她的讀書會觀看那部一九七〇年代聲名狼藉的色情片《深喉嚨》（*Deep Throat*）的情景。

它開始得很「無邪」。多娜里夫婦正和一群朋友們玩橋牌，突然有人提起自己讀過的一篇文章，說全國五金店的繩子都賣光了——全都因為一本新書《格雷的五十道陰影》（*Fifty Shades of Grey*）。有位女士提到她在圖書館的候書名單上，還有人說她已經收到該系列小說做為聖誕禮物。當天下午，她們決定召集一小群婆婆媽媽一起讀這本書。

當中有幾個彼此認識，另外幾個是朋友的朋友，所有人都在五十到七十歲之間。她們都出身保守的宗教家庭，好幾個是虔誠基督徒、衛理公會教徒和天主教徒，甚至有一位在當地經營基督教慈善機構。

「第一次談話很有意思，老實說非常神奇，可說為我們打開了這類話題的大門。」多娜里說。「開始聊之後，我們才發現，書中有很多東西我們連聽都沒聽過，對吧？於是，我們開始互相問來問去。『妳覺得這是什麼意思？還有這個？』幾個月後，我們讀了第二本，然後聚在一起討論。」

談話有了進展，從一開始的試圖理解——真的理解，書中所描述的，接著逐漸了解自己對那些東西的感受。

接著她們看了《深喉嚨》。之後，她們對主演這片子的女人產生好奇，於是看了《A片女神深喉嚨》（*Lovelace*），一部以《深喉嚨》對該片女主角琳達．蘿芙蕾絲（Linda Lovelace）人生的深刻負面影響為主題的傳記片。

這兩部片子標示著對話的轉變過程，從探索性的興奮一直到開始了解性剝削、對非常態性別認同（nonconforming gender identities）的迫害，並逐漸發展為更複雜微妙的對話。

「之後我們拋開那些書，」多娜里說：「我們成了六個女人的小組，開始談論一些可能存在很多女人心中，卻因為從來沒有機會說出來或發問，而從未開口討論的事。」

改變是創造對話的一個重要成分——在許多情況下，它是創造性對話的目標。問題是，嚴肅冷硬的對話如果無法產生某種形式的改變，終究只是嚴肅冷硬的對話。

所以我那麼喜歡多娜里讀書會的故事。

首先，她們的經歷為我們界定了何謂改變。我花了很長一段時間研究這定義。最近，我回想起幾個月前和劇作家麗莎．科隆的一次以「淨化」（catharsis）為題的訪談。也許你還記得高中英語課教過這概念：它是指戲劇中的一種激發人釋放出「憐憫和恐懼」的時刻。當我提到這是改變的一個重要成分，她只是輕輕帶過，我猜她大概覺得這想法有點輕率。她提出一個更美更簡單的說法。

「淨化，」她說：「其實就是一種集體現身（collectively showing up）的時刻。」

她的話在我腦中重現，帶來片刻的明晰。我所尋找的改變是一種打造群體的改變。我在尋找一種時刻，可以顯示我們已經為彼此現身，現在我們要一起向前邁進了。最終正是這種集體的建立，讓我們可以想像、創造我們想進入的未來。

再者，多娜里和她的朋友們察覺到自己在改變。每次她們都能意識到自己感覺不同，更具知識，對話題更投入。重要的是要認知到，是她們讀書會的書籍和電影促使她們進步——簡言之，推動了這種改變。「讀了《格雷的五十道陰影》，我們真的問題一堆。」這是對這本書的反應，一種想去了解的需求，一種好奇心。不過，要不是她們很清楚本書能帶來改變，**而且她們喜歡它**，她們一開始就不可能在一起創造對話。

正如多娜里在我們談話快結束時對我說的，「在特定小團體中，每個人都會經常遇上充滿人際連結可能性的時刻。很多時候你會發現自己置身於各種特定小團體中，但如果你不注意，它們便會溜逝。如果你在它們出現時好好把握，你的人生將無比充實。」

注意到改變的發生，找到方法來發現這改變、它的本質，也許標記它，以便你能繼續提升談話，這些都是可以刻意去做的事。我們手上有許多工具正是為此而設的，它們能讓我們看見改變，並利用這改變走得更遠，其中有許多可以在人類的古老儀式中發現。面對改變，我們應該探索的是那些能幫我們準備好做出改變、注意到改變，最後進入談話的下一次改變的工具。

探索、省思、進步和改變

在我家位於北邊的農場，我每天都要繞著約一哩長的農地邊界散步，極為規律，有點無趣，常常陷入沉思。但是這麼過了五年之後，我真正注意到的

是變化。

這天，田野裡的黃花比紅花多；那天，森林地面覆滿常春藤；這天，風將森林吹得搖搖欲墜；那天，寂靜無風；我滿眼只看到變化。一次又一次發生的精心設計的對話也是如此：它們揭示了變化。

我相信這正是為什麼多娜里的讀書會能成功運作。不是因為談話的形式或設計有多驚人，其實是因為它的單調。讀書會的形式沒有花招，沒有驚奇。挑一本書，讀一本書，討論一本書，看看會如何。不過，以多娜里的狀況來說，有點嚇人，事實上甚至更加一成不變——畢竟，性愛讀書會的第一條規則是，書必須是關於性愛的。但它的魔力就在這裡，沒有再創造，總是同樣的主題，總是同樣的形式，因此當她們省思時，注意到的一件事，也是唯一的一件事，就是自身的變化。

探索、省思、進步和改變。

鑑於本書是關於如何進行創造性對話的書，你可能會覺得意外，說到改變時，我往往會提倡一些熟悉而單調的架構。但和任何事情一樣，發現變化需要練習，而部分結構越是熟悉，也就越容易在變化發生時發現它。

我在書中提到的一些形式，都是我參與過數百次經過設計的對話，也都是目的性的——如「預感時刻」或「牢騷晚餐」。它不只成功運作過一次，而是值得繼續運用。由於我對這些形式太熟悉了，只要加入對話，我馬上能看出變化的產生。我做過太多次，知道那是什麼狀況，也能看出談話在哪個地方發生了改變。

事實上，多年來，我常改變談話形式，好讓人們對之更有熟悉感。當我與客戶和團隊進行戰略規劃，我總會和參與的每個人進行大約三十分鐘的簡短小訪談。早年，當我開始採取這個實務，我常會問，「你這一路是怎麼走過來的？」但過去幾年，由於漫威電影宇宙（Marvel Universe）的興起（沒錯，就是如此），我的對話開頭改成問他們的起源故事。

我這麼做是因為這是一種幾乎人人知曉的形式，也是一種要求他們做出改變的形式。想想看：正常人，被放射性蜘蛛咬了一口，變成了英雄；普通的亞馬遜女戰士，墜入愛河，離開島嶼，成了英雄。變化是隱含的，你總能讓講故事的人辨認出他們人生中的改變時刻。

因此，我不只要你設計對話，我還想讓你練習對話。挑選幾種你喜歡的形式、規範或工具，反覆地加以使用。這不是為了嫻熟某種形式——或者該說，不只是為了嫻熟某種形式，而是要讓談話變得極其熟悉而規律，因而退到了幕後，讓你可以越來越精於發現變化。

現在，就讓我們來看看幾種能具體幫助我們做出或看出改變的實務。

激發改變：一起去朝聖

我們坐在聖地牙哥德孔波斯特拉大教堂的石造廣場上。準確點說，我們是懶洋洋攤在那兒的。我們脫去鞋子，褲子捲到膝蓋，瘀青的腳趾在涼爽的秋風中扭動。我們靜靜坐著發呆，接著不由自主落下激動無聲的淚水。

在我早期的研究中，我常尋找人和他人產生深刻連結以及持久關係的時刻——具體來說，就是能讓群體間互相支持的各種條件。這正是為什麼我和丈夫會踏上進行為期十天、一百四十哩長的前往大教堂的西班牙朝聖之路（Camino de Santiago）。

我們疲憊不堪，幾乎被每天長達二十哩的步行壓垮。我們接觸到西班牙東北部的美麗景色，穿越林地和森林的童話般的小徑，以及危險——猛烈冰冷的雨和泥濘。我們受到沿途遇見的那些熱情、率真人們的激勵，其中有些就算不知道名字，也已是熟面孔了。最後，在穿過最後幾哩單調的城市雜亂地帶、機場的後端之後，即使我們都對大教堂的壯觀震懾不已。我們發現自己夾在又哭又笑、互相擁抱、充滿喜悅的人群當中。終於，我們成了朝聖者，而不再只是旁觀者。

我們剛走了通過灰濛、雜亂郊區的三哩路，我丈夫正因為脛痛和膝蓋舊傷復發而痛苦不堪。其實我們只想快點結束。我們最終沿著圓石街道來到市中心，在這裡，過去五天指引我們走過一百哩路（大約是整趟朝聖路線的五分之一）的貝殼標誌淹沒在大群遊客和開店的當地居民當中。

我們繼續前進，穿過一座巨大拱門，走下一道宏偉的階梯，發現自己置身在寬闊的廣場上。這空間宛如文藝復興時期畫家想像中的天堂建築景象。人群有如參加一場大型宴會那樣混合在一起，光著脚在廣場上走來走去，一邊又哭又笑，自發地擁抱其他朝聖者和陌生人。

我們**改變**了。

朝聖活動的所有基本宗旨，不管是否和宗教有關，都很簡單。朝聖只有一個重點，就是你將前往一個聖地，一個帶有某種神聖和靈修意義的地方。這表示朝聖者的道路是有方向的；只能向前走。

朝聖者得要忍受某種形式的苦難和某種形式的旅程。朝聖會讓人脫離日常生活和日常經驗。最後，朝聖活動在群眾融合為一中結束。最常見的比喻是水的語言：小溪流入溪流，溪流流入大河，最終，就如馬丁．路德．金恩（Martin Luther King Jr.）的形容，匯合成一股「人民的巨浪」。

更重要的是，朝聖者全都帶著**對改變的憧憬**展開徒步。雖然朝聖是一件事，也是一種具體的活動，但你會發現這字眼常用於任何形式的旅程——不管是比喻或實質的，只要是可能帶來某種形式的轉變。不只是個人的改變，還有同行的朝聖者之間的聯繫全都極為牢固——即使十分短暫。正如一本朝聖者手冊說的：「目的地——神壇，聖山或靈魂殿堂，並非意味著旅程的結束，而是開始：一道通往新的存在、以滌淨的心靈之眼重新看待人生的門扉。」

在民權運動初期，金恩博士較常用「朝聖」一語而不說「抗爭」。一九五七年他在華盛頓特區舉行的第一場三萬人集會被正式命名為「為了自由的禱告朝聖」（Prayer Pilgrimage for Freedom），值得注意的是，當時幾乎所有的抗爭活動，如華府或塞爾瑪（Selma）遊行，都有目的地。人們前往某個地方，隨之而來的是一個隱含或明確的變革承諾。

（旁註：這也解釋了當今的抗爭活動為何總是虎頭蛇尾，以及為什麼我以及許多我交談過的人逐漸遠離這些示威活動，感覺什麼都沒改變。看看Google 地圖上的路線——例如紐約女性大遊行，它是蛇形的，幾乎是螺旋狀。就算你有辦法通過無處不在的障礙，順利步行，你也哪裡都到不了。）

同樣地，在研究中，我常發現，每當人們談到漫長艱難的歷程，也就是費時、耗力而且會帶來變化的，往往就會用上「神聖」一詞。Podcast節目

《哈利波特與神聖文本》（*Harry Potter and The Sacred Text*）主持人之一，卡斯柏・特・庫伊爾（Casper Ter Kuile），研究宗教在日益世俗化的社會中的替代品：它必須能讓我們在沒有宗教的環境下建立群體，讓我們在宗教辦不到的情況下建立共同價值觀。不用說，卡斯柏是我想了解神聖事物時會諮詢的對象。

最近一起早餐時，卡斯柏告訴我，他和一群朋友在八週當中看完八部哈利波特系列電影，並把它們做為深入交談的架構。當他談到那次聚會，我很驚訝他用了「朝聖」一詞。我問他為什麼，他停住。

「嗯，我想在朝聖中，既有的社會階層制度必須被打破，因為每個人都在步行，每個人都需要吃飯睡覺，」他解釋說：「那是一種非常平等的體驗，尤其是在旅行時，但重要的是它讓我們走出日常生活，以別的方式進入時間的長河。所以，在週三早上，當我們已經看完前三部片子，連續三個星期三，我知道下一部片子就要來了，我感覺自己在一趟更大的旅程之中，一條更長弧線的一部分。那不只是一個隨意的星期三。」

這是我從朝聖研究中學到的：設定目的地是一種樂觀行為。建立一個目標，和一群人共同實現這目標，會給這群人帶來更大的達成改變的可能。我們的日常生活是由一連串既定的會議和工作組成，失去目標是常有的事。日常生活和方向性是對立的。

如同朝聖，創造性對話也很費勁，它們將會考驗我們，有時可能會令我們厭煩或挫折。但只要它們有個明確的目標和意圖，如果有一種只有前進、只有未來的感覺，那麼你的團隊就能體驗真正的改變。它不需要你們一起徒步一百哩，或者連看兩個月的電影。它只要求你們共同設定一個目的地，盡一切努力到達那裡，不達目標絕不罷休。相信我，你們將會一路相挺到底。

激發改變：《格雷的五十道陰影》如何促成對談？

就在人們的對話似乎減少了的同時，讀書俱樂部的數量有了顯著的增長。對我們來說這是個有趣的現象，因為顯然讀書會把書做為聚會的動力，它也是一種藉口，讓人可以進行通常不會有的對話。多娜里和她的朋友們並未決定聚在一起談論性——事實上，她們很可能會斷然拒絕這想法。這些女人其實是聚在一起談論《格雷的五十道陰影》這本新書，而這本書引領她們經歷了一場變革，它實際上推動了此一變革。

參加讀書會，參觀博物館，看一部具有爭議性的電影，都會讓你有機會具體化一個議題、一套信仰或抉擇。探索我們對一本書或任何藝術形式的集體反應，是建立聯繫和群體的一種方式，但也是開始探索深層信仰，甚至改變信仰的一種方式。我們慣常用藝術、戲劇、電影、文學和——沒錯，還有聖典，來探索困難的主題，主導跨越文化和歷史的變革；這似乎是人類固有的做法。討論一本書、一段禱告或一部電影，可以讓我們在參與一個進行順利的評論時表現出同樣的行為：**它給了我們可以討論甚至評斷的材料，而不必互相批判。**

以逾越節為例。《哈加達》設定了逾越節的排程——在晚餐過程中朗讀的經文。它講述了猶太人從奴役解放出來，繼而穿越沙漠逃亡的故事。逾越節晚由許多和儀式本身相關的問題嚴密組織而成——能提醒參與者他們的歷史；席間提供許多象徵著試煉和逃亡勝利的特定食物；就連斜躺姿勢的想法都在提醒著自由的意義——奴隸是站著的。

它是即將討論什麼以及何時討論的指南，建立了一套時間和步調的規範。《哈加達》描述了猶太人的共同歷史，但是和這個紀念活動相關的儀式無可避免地以一種深刻、具體的方式將我們和時事連結在一起。回想猶太人被逐出埃及不代表必須在餐桌上討論移民政策，但很接近了，而且你往往會發現，這樣的歷史框架給了你一個探索當前問題的管道。

和客戶合作時，我常建議使用某種形式的文本做為嚴肅對話的背景。不過，老實說，客戶相當抗拒這種做法：「好像在上課」，或者「我們不想派家庭作業給人家」。但是，正如我試圖向客戶指出的，一場好的對話在許多方面都和課堂沒兩樣：課堂上允許各種人之間進行嚴肅、探索性的對話，而且常使用文本做為探索各種想法的架構。沒錯，使用文本會讓人想起教室，但這**正是重點所在**。

來看看卡斯柏的Podcast頻道，那是他和凡妮莎．佐爾坦（Vanessa

Zoltan）共同創立的。二〇一七年，哈利波特官方網站Pottermore報導說，《哈利波特》系列已經以超過八十種不同語言售出五億本，也就是說全世界大約每十五個家庭中就有一個擁有一本《哈利波特》。讀過該系列小說的人已經多到足以建立一種共同語言——一套跨越文化和宗教藩籬的共同基準點和探索領域。

每一集《哈利波特與神聖文本》都會從哈利波特書中挑出一章，從中擷取出更廣泛的道德或情感意涵。兩位主持人會探討該章的主題，分享來自世界各地聽眾的看法。凡妮莎和卡斯柏透過他們的Podcast節目，向我們展示了文本如何幫助我們探索變化。

如同卡斯柏說的：「你從一種敘事性讀本來到一個想像階段，讓它變得個人化，變成可實行的。這類神聖讀物的意義在於，你應該被它改變，它本該是一個轉變的過程。也許只是一個小動作：『我想起我很愛我妹妹，我要給她打個電話。』不過也有聽眾寫信給我們說：『這讓我下定決心，我遲早要領養一個小孩。』」

我和卡斯柏交談後不久，當地一家新聞機構的總發行人和總編輯邀我為他們規劃一場能幫助他們消弭明顯的文化裂痕的會談。這個組織才剛經營五個月，但是對於該刊登哪一類報導，他們的歧見似乎越來越大。這是一次既需要戰略決策，又需要根據這些決策來凝聚團結的對話。這是一次需要變革的談話。

我說什麼都不想幫一個不開心的編輯室進行不拘形式的會談。我見識過，感覺有點冒險。但我很樂意運用各種規範來為他們設計一系列對話，讓他們一起去執行。要記住，創造對話的構想是設計對話，而不是促成對話。我想我不妨利用這機會來實驗那個構想，也就是使用文本建立集體理解和改變，藉以獲得談話進展。

卡斯柏告訴我的方法之一是「Lectio Divina」，字面意思是「誦讀聖言」。這是一種僧侶研習經文的傳統方式。閱讀者從經文中挑選一段，最早是《聖經》，然後用四種不同方式閱讀。簡言之，你對閱讀設定了四種不同規範。在傳統的「誦讀聖言」中，首先你要閱讀事實：「發生了什麼事？」其次，你要閱讀並且拿它和其他藝術作品：寓言、神話或故事——進行比較。第三，你要拿它對照自己的生活：「你何時有過類似的體驗？」最後，問自己，上帝要你怎麼做。

激發出改變潛能的不只是經文的內容，還有**閱讀經文的方式**。

因為這群人的主要衝突來源是專欄和報導，他們自己也在寫作，「神聖文本」很明白了。我要求每位成員挑出一篇刊登過的、足以代表他們心中理想報導的文章。當他們聚集在一起，我請他們以略有修改的「誦讀聖言」方式朗讀該篇文章。

首先，我問該篇報導在寫些什麼。第二，這是一篇什麼樣的報導，它能否讓他們想起世界上其他類似的報導？在第三、第四次閱讀時，我更加明顯偏離了「誦讀聖言」，建立了別的規範。第三次閱讀，我要他們檢視一下這篇報導帶給他們什麼感受。最後一個問題，我問：「這篇文章讓你想到未來你還想報導些什麼別的新聞？」我看著他們緊張地低頭對著iPhone，一遍遍讀著自己選擇的文章，準備發表評論。可是當他們開始分享，令人意外的改變時刻發生了。

雖然席間有三十名記者，但他們全都選擇了幾乎相同的五篇報導。他們馬上知道他們看重的是哪些報導：不出所料，是那些支持弱勢者的。他們的觀點比他們想像中更為接近。

此外，當他們討論第三次閱讀——「這篇報導帶給你什麼感受？」，普遍情緒是「憤慨」。當他們討論這種感覺，他們一致同意，他們不想成為一個以憤怒做為動力的新聞媒體。

當他們討論第四次閱讀——「這篇文章讓你想到未來該怎麼做？」，多數人都表示想做更多有助於解決問題、幫助人們戰勝難以對付的制度的報導。他們想表揚弱勢者以及他們的成功經歷，但強調的是表揚，而非不公義。

閱讀激發並造就了這群人的改變。他們了解到彼此間的歧異不如想像中嚴重，同時也了解到，他們希望今後的報導朝什麼方向發展。他們不只像麗莎·科隆說的「現身」，而且還選擇了一條新的前進道路。他們進步了。

關於「誦讀聖言」這樣的閱讀實務，十分有趣的是，到頭來所讀的文本可以相當隨興。一起有目的地閱讀一段文字，為了其中可能蘊含的各種含義或者在場每個人可能有的各種詮釋而閱讀的這個行為，在在鼓勵了一種集體省思的時刻。儘管文章是隨選的，但目的是根據這段文字創造一種集體對話。這種詮釋——集體詮釋的工作將讓關注焦點從個人見解轉移到對眾人共同見解的探索。

你家裡或辦公室說不定藏有神聖文本，只是你不知道。我和許多組織合作，這些組織在推動自己前進和規劃未來的過程中，會繼續引用它們的創始使命聲明。在全國公共廣播電臺（National Public Radio，NPR）董事會上，我們不斷回顧四十年前的創始宣言；我們試圖用那份原始文件來檢視我們的願景。很多時候，創始人的話是我們所能找到最接近「神聖文本」的。聽說Walmart超市的員工至今仍會以創始人山姆·沃爾頓（Sam Walton）自傳《美國製造》（*Made in America*）為借鏡，來幫助他們做出決策。在你家，或許就是哈利波特系列，或逾越節的《哈加達》。

找出變化：創造對話

於是問題來了：只有感覺到自己和團隊的變化時，我們才知道自己創造了對話。可是，變化無論多大，太容易錯過了。不像多娜里和她的讀書會，我們往往會讓它溜過。不只如此，變化發生時並沒有可預測或明顯的跡象。它不見得是在談話結束時發生；有時也可能發生在最初幾分鐘，或者在一些奇妙、意想不到的瞬間。

發現變化的最簡易方法之一是，回想麗莎．科隆「集體現身」的概念，而這種事往往是靠感覺，而不只是看見。人們常在經歷音樂、戲劇、宗教的感動時產生這感覺，這時整個群體彷彿提升一個層次——在音樂中，這種超越、統一的時刻往往伴隨著變調，真的是調子的變化。在對話中也一樣，你同樣能感覺到、看到調子的變化。

當阿米莉亞決定在會議中唱搖籃曲，她注意到了變化。原本調子低迷，她透過唱歌改變了它，讓我們振作起來。她注意到了變化，接著做出了改變。

多娜里也一樣。當她注意到讀書會成員們的談話變得不那麼膽怯、正經八百，就趁機加以利用。儘管變化隨時可能發生，但是在她們看《深喉嚨》的那晚，一群人的談話調子確實改變了。

當你感覺到群體的輕鬆愉快，聽見群體的笑聲，就是一個可加以把握的訊號變化。當你看到群體的悲傷和失望也是如此，表示有了另一種變化，因此務必要留意。我很喜歡本章結尾將要探討的對話形式——創造性緊張感，原因之一就是，它關係到如何學習感受變化，進而利用這種變化，促使我們「集體現身」。

因此我懇請你留意變化，並且**談論**它。改變需要被認可、發表出來——只有這樣，你才能體驗到推動我們採取行動、最終邁向創造的那一種轉變。有很多方法可以在改變發生時「指出」（mark）它來，而且都是非常簡單的方法。

找出變化的簡單動作

在一九六〇年代末，藝術家烏克萊斯（Mierle Laderman Ukeles）寫了《維護藝術宣言》（*Maintenance Art Manifesto*），宣稱我們文化中大部分形式的照護，例如環境維護、衛生等——就算沒有遭到謾罵，也是被忽略的。她的作品記錄了房屋清潔與環境衛生工人的工作，一些被蓄意無視、不被承認的工作。

當時，紐約逐漸衰落，其典型表現是削弱中的基礎建設，瀕臨破產，以及一連串造成城市工人和居民之間緊張關係的公衛罷工活動。訴諸行動，這位藝術家寫信給紐約市衛生局，建議他們和她共同建立一個藝術家進駐計畫，通過她、紐約市和清潔人員之間的一系列合作，來幫助緩和緊張關係。衛生局同意了。將近四十年後，烏克萊斯仍然保有她在衛生局的進駐藝術家身分。

在這次合作中，藝術家們和衛生局上演了垃圾車隊芭蕾舞，才華洋溢的司機們表演了驚人的舞蹈動作。他們一起為垃圾車「戴上珠寶」，把它們改造成行進於都市中的反光鏡，提醒著市民它們和自家垃圾之間無可避免的聯繫，以及城市工人對於改善他們生活所發揮的關鍵作用。

這些計畫，簡言之，長達四十年的城市、市民和清潔人員之間的創造性對話——是從一個簡單的握手開始的，儘管握的手多達九千隻。

很簡單。烏克萊斯參觀了公衛體系的每個部分，和每一位工作人員握手並致上這麼一句謝詞：「感謝你讓紐約保持活力。」她對清潔人員做為人的具體致謝中有著極為根本的東西。照片顯示，許多吃驚、有時困惑、但往往驕傲而快樂（大部分）的男人和這位藝術家握手。十足激勵人心，標示著變化正在發生。想想如何使用這種具體的連結行為來找到變化。同樣地，教堂儀式通常會在教區居民轉身問候身邊的人們、互相握手甚至擁抱中結束。我不是個虔誠的人，但我常在這最後一刻感覺到提升。細微的時刻不只標示著改變，有時它們也會促成改變。

或者回想一下「中場時間：和平中斷談話」，它的重點是在談話感覺即將偏離方向的時候打斷它。和平中斷實際上是幫助你找出變化的完美工具。我們常會暫停談話，問「大家感覺如何？」，但不妨考慮問「現在是什麼狀況？」。

讓這問題不斷重複出現，而它會有助於你們共同留意談話的進展和走向。在正確的時刻提出正確的問題，很可能會幫助你發現變化。

宣誓

我的朋友，洛克菲勒基金會副總齊亞・坎（Zia Khan），最近向我介紹了一種叫「殭屍聯盟」（zombie coalition）的概念。他說，殭屍聯盟是一群人聚在一起討論一個話題，同意做出改變，卻沒結果，但接著以為這兩個動作已經使他們有了進展。聽起來很熟悉吧？

宣誓是杜絕殭屍聯盟災難的一種方法。

誓言有一種讓談話發生變化的獨特作用，尤其當誓言是為了支持或尊重特定行為或個人時。公開誓言有澄清意圖、激發支持的效果，而且能在適當時刻讓一群陌生人凝聚成一個群體。

宣誓向來是一種標示變化的手段，也因此我喜歡借用儀式。儀式通常會要求我們以一種特定方式和我們的群體連結起來，而且，在同一時刻，往往也會喚醒你和你自己、你的價值以及所有最重要事物的聯繫，並且把它和支持群體或者具目標相同的群體連結起來。

但最重要的是，將儀式的各個面向融入談話中，是一種「行之有效」的有利我們推動談話的方式。行之有效，因為許多這類做法已存在數千年，而且持續被施行，持續發揮效用。

顯然，任何參加過婚禮的人——無論規模大小，都親眼目睹過「誓言」的力量。當然，如果你是結婚當事人，就更能切身感受到誓言的意義了。即使最不耐的人也會被結婚誓言打動。宣誓之所以當著親友的面進行，這點自有它的意義——群體有助於強化已發生的改變。此外，結婚誓言十分具體。兩個新人互相承諾，而聚集的群體也承諾幫助他們維繫這份承諾。

典禮、誓言和獎勵是變革的構成要素，部分因為它們能刺激我們在變化發生時看見它。典禮和公開表揚活動十分重要，但它們不代表一場**創造性對話的結束**，還有很多事情要做，而且或許是迄今為止最困難的事。

誓言也可以由個人發表或宣布。我曾參加一個會議，會中一個擁有大量資產的文化機構負責人被要求總結一下連續幾天關於社區和藝術角色的共同研究的成果。但他沒有作總結，而是發表了誓言，承諾他的法律團隊將協助建立一個非營利組織，來支持後續的研究。這次宣誓標示了談話的變化，實際上也促使場中所有人做出進一步的支持承諾。

倘若無法清楚確認所有與會者的集體協議，會議便難以圓滿。當類似情況發生，試著具體些，要求大家做出承諾，發表宣誓。不一定要弄得很激情，也可以是簡單地向大家拋出一個問題：「我們打算做些什麼來達成這點？」

創造對話：創造性壓力

幾年前，我的IDEO團隊設計了一套可以主導並發現變化的對話形式。和之前提到的讀書會一樣，我們完全是無心插柳。老實說，我們原本只是想發明一款約會遊戲，一種讓人們可以相互交流、發現同好的管道。

大約兩個月後，我來到紐約下東區一家酒吧，夾在一群應邀參加一場新型談話原型測試的三十個左右的「朋友」當中。沒有椅子，一張也沒有。嵌木地板上用膠帶貼出一個巨大的綠色長方形，中間一條鮮紅色分界線。真要說的話，和籃球場有幾分相似。在場的參與者有點不自在，不過很興奮。座談會來賓顯得同樣不自在。

房間一頭的狹長舞臺上有個銀幕，銀幕前是一名喜劇演員和一位社運分子。「主持人」在房間後部，喜劇演員和社運分子是座談會來賓——我們直接稱他們催化劑，因為他們的任務是催化觀眾的反應，主持人則扮演導演和司儀的角色。

談話從一張幻燈片開始，幻燈片上寫著：「我比較絲或比較絨」，絲絨二字分別在銀幕的兩邊。觀眾和來賓被要求在房間的長度內移動，尋找最能代表自己特質、和兩個字最近或最遠的位置。大家照著做，紛紛通過房間，邊發出緊張的笑聲和竊竊私語。

在這之後，壓力逐漸增強。題目是權力以及誰擁有權力：「權力必須施或受？」，房內有了異動，從來賓到聽眾，每個人都被問到他們為何選了那個位置。

接下來，「權力是言語或行動」，房內又一次異動。當大夥兒找好位子，主持人問他們為什麼，於是許多引人入勝的故事被說了出來。主持人敦促大家，如果對故事有感，就靠近一點，反之就離遠一點。大夥兒就一個嚴肅話題展開深入交談。但是當談話在一小時後結束，場內仍然迴盪著興奮的嗡嗡交談聲。後來我聽說，許多人臨時組團，出去繼續討論一直到深夜。不單是關於權力，還有關於壓力在對話和社會中的作用的重大對話——不管好或壞。

我不確定，不過我猜那晚至少有一、兩組配對成功。

我們把這場對話稱為「創造性壓力」（Creative Tensions），它結合了劇院訓練、爭議性話題和一種叫做「價值澄清」（values clarification）的實務——毫不意外，它最常被運用的場所就是幼兒園。儘管它原本是做為一款約會遊戲，卻是強大的談話形式，讓人可以用令人振奮、連通的方式，針對極嚴肅的問題進行極嚴肅的對談。我曾把它運用在健康、多樣性和種族、收入不平等和焦慮等問題上。

「創造性壓力」廣泛汲取了本書所有調色盤中的東西：情境要變化，空間和空間中的位置都要變化。要有數量恰到好處的規範，而且得到清晰簡明的解釋。

所有這些都是為了催化變革：壓力本身是一個需要解釋的新議題。我們首先要聲明，我們不會界定這用語，這必須由每個人自己去界定。當你施加壓力，你可以清楚看見人們停下來，思考自己在測試範圍內的位置。看見人們在「選邊站」之前省思，真是件美好的事。

一旦選定位置，他們會應邀解釋為何會選擇自己所在的位置，為何會相信自己選對了位置。當他們談論自己的位置或敘述自己為何在那裡的故事，你會看到其他人再次省思，有時會移動位置。壓力促使人們參與，促使他們說出自己的故事。因此它確實也激發了創造性傾聽的所有最佳部分。

這種移動也會標示出變化發生的時刻。我探索過各種關於這種移動為何有效的理論，當然有一種觀點認為是某種「體現認知」（embodied cognition）起了作用，但我不打算鑽研那麼複雜的東西。很簡單，因為移動代表著想法的改變。當某人說話，而其他人靠近或遠離他，多半是靠近——其中有一種不斷變化的特點。你可以看見它發生，你在動，別人也在動。

我看見一個女人試圖克服因警察暴力失去兒子的痛苦，她在談話中被一群人包圍，其中包括警察。我看見有人表達出保守觀點，但仍獲得人們支持的喜悅。這種練習要求人們分享自己的情感，揭露自己的人生，而當它發生，當這些經歷讓人有感，參與談話的人們必須聚集在說話者周圍，具體標示出這種變化。

這正是麗莎．科隆所說的「集體現身」的最佳體現。我常聽到這種對話方式對每個人都有效，因為你根本不必開口說話，就能有參與、被聽見的感覺。這時，當人們「現身」，是真真實實的。

「創造性壓力」的兩個要素：刺激和發現變化——將談話提升到驚人的境地。它讓談話整個改觀了。真的，上次大選過後，我們在華府舉行的那一場，有將近兩百名政治背景不一的人前來參加。儘管場上存在極大的政治歧異，談話依然活潑、熱絡甚至歡樂。我和以往一樣用同一句話來做為這場「創造性壓力」對話的結語：「生活中的一切無不充滿壓力，每個人、每個家庭組織或國家都處於持續不斷的壓力當中。『創造性壓力』對話是為了提醒我們，只要我們承認它們的存在，並願意共同來討論它們，也就能夠駕馭它們。」

「創造性壓力」對話結束時，全場氣氛異常熱絡，人們亢奮不已。他們總說一小時太短了——順帶一提，這種談話一小時剛剛好。集體的變化感加上突如其來的結束讓人們選擇在私底下繼續談下去。

後來，有人又哭又笑地抓住我說：「好像上教堂。」我們最初是想製作約會遊戲，但我們得到了更棒的。

在我認為，改變是創造性對話的基本元素。本書從每個面向提出了許多讓改變發生的方法，但除非有一個讓人們能夠「集體現身」的顯著明白的時刻，我們將錯過對話能帶給我們的真正喜悅。安排在對話中的改變時刻能提供一個高潮。但高潮並非意味著結束，而是下一步。發現改變有個特定目的，也就是把一群進行探索性對話的人結合成一個行動的群體。只有當這一刻被察覺，我們才可能進入對話最重要的潛在成果：創造。

中場時間：多多鼓勵

當我走在西班牙朝聖之路上，我注意到一個有趣現象，每一位朝聖者都是滿口鼓勵，滿口支持。仔細想想，也沒什麼好意外的。我們當中有許多人處於痛苦中，我們在各種天氣形態下走了四十天，我們全都要前往同一個地方，也許在我們一生當中，就這麼一次是所有人都以同樣方式旅行的。在這情況下，鼓勵是唯一的選擇。

不妨把談話看成一次與他人同行的旅程。你們全都朝著同一個方向前進，而要走到最後的一個要件是，不時停下來，確認你們走到了哪裡，互相鼓勵繼續往前。

很重要的是要強調，創造性對話需要比一般情況更多的鼓勵。在這一點上說清楚是值得的，因為我們大聲說出讚美的時候越來越少了。不只因為擁抱已被Instagram的愛心符號取代。這種事也是我認為最不需要創意的。在談話中保持正面態度，方法是保持真誠，仰賴鼓勵、積極的老習慣和一聲簡單的謝謝。

不久前，有個設計團隊進行了一次小型概念性調查，研究為何週一會讓人不開心。我們都了解那感覺。週日晚上的存在恐懼，週一上午重新調適工作的衝擊性的前幾個小時。還有慢慢浮現的安心感：「對喔，這裡還有我喜歡的人。」「等等，我的工作有一部分相當有成就感。」

小組發明了一種小措施：要人們在每個週日晚上發出一則信息，只是一封電郵，鼓勵同事面對未來一週。也許是某人在前一週做了一些有益的事，也許只是某個你很久沒聯繫的人。這封以讚揚為基礎的小電郵都有一個相同的主旨：「週一早上開門」。

發送信息的做法是為了鼓勵大家面對新的一週。事實證明，它對人的情緒起了重大影響，不只有助於收信的人，還有前一晚寄信的人。

很簡單，很有效，試試看。

鼓勵別人時，創意越少越好；它應該讓人覺得堅定、真實。鼓掌叫好，擊掌，擁抱，做一些正常人鼓勵正常人時會做的事。不用說，這種簡單、充滿人味、真誠傳達的鼓勵會觸發身體釋放「愛的荷爾蒙」，催產素。這表示鼓勵不僅能推動你前進，還能讓你在談話中跟人產生更深刻的連結。

chapter 7

創造

未來不是現在所提供的各種替代路徑的選擇結果，而是被創造出來的——首先在腦子和意志中被創造，接著在活動中被創造。未來不是我們要前往的地方，而是我們正在創造的地方。那些路徑不是等著被發現，而是被造出來的，而創造它們的活動改變了創造者和目的地。

——約翰・謝爾（John Shear）

本書最後，我要談的是我這輩子大部分談話開頭所說的東西。我總是一開始就提醒客戶、團隊和共事者，我們可以創造自己的未來。縱使充滿困難，結果總是比不去嘗試來得好。

創造對話的意義在於一起對談，一起做出改變，然後讓這種改變彰顯出來。對許多人來說，這意味著非常切身的事，比如建立一種人際關係動力。或許大一點，但還是不脫日常生活範疇——打造一種工作文化，或走上不同的戰略路徑。或者也可以大到像是驅策一個群體前進。目前，我們的大部分談話，包括最重要的談話，都做不到這些。

尤其，這正是為什麼我在為本書尋找靈感時，會花那麼多時間和具有創意背景的人交談：藝術家、電影製片人、設計師和作家。簡單地說，有創造力的人不能不創造，這是他們行進的目標。舞臺劇《悲喜交家》編劇麗莎・科隆告訴我，當你創作音樂劇或任何群體創作的藝術作品，總會有一刻你就是必須「在現有的一切和立足點上生出東西來」。就是這樣，你就是必須在現有的一切和立足點上生出東西來。

讓我們釐清另外一點，在一本討論對話的書的結尾提起，或許有點諷刺：有些時候對話就是勉強不來。在美國各地，仍然有不少全家人無法一起吃感恩節和耶誕節晚餐的故事。有些群體嚴重分裂，處在嚴重不和當中，要相信或期待一場健康對話，顯然「言之過早」。你可能不願意，你的鄰居或許也還不願意。

也許這是行動發揮力量的時候。你可以打掃街坊，縫被子，做衣服，織東西，建一座穀倉，做一頓大餐，開一場街區派對，供應感恩節晚餐。所有這些都有助於建立群體，建立對話，即使你們不涉及那些讓聚集在一起的人產生分裂的話題。

所以，如果說不上話，就發揮創意。

不耐是一種美德

二〇〇七年在愛沙尼亞，一小群人聚集在一起討論日益惡化的污染問題。數世紀以來，人們常把垃圾帶進森林，扔在那裡。但是垃圾的種類改變了；以前都是會消失、甚至有益於土壤的廢棄物，但現在，當然，垃圾都是塑膠類、化學物質，突然間，森林成了無用電器、農具和更糟糕廢物的家。當該小組去找愛沙尼亞企業家諾瓦克（Rainer Nõlvak）尋求支持，他拋出一個相當大膽的條件：這群人將展開一次全國性大清理，而且將在一天內完成。

突然間，聚在一起討論問題的一群人變成了一個提出解決方案的群體。

這個目標在很多方面是達不到的。愛沙尼亞很大，而且政府規定清潔工人必須處理潛在有害垃圾，因此，要普通公民清理環境不僅困難，事實上也是非法的。然而，這群人已做出承諾，於是他們加緊行動，在該構想推動兩個月後就訂下了清理日期。最後，他們威脅說，倘若清理工作得不到支持，公民們要將垃圾傾倒在首都的大樓臺階上，因而得到了政府的支持。

二〇〇八年五月三日，五萬名愛沙尼亞公民聚集在全國各地，開始撿垃圾。教會團體、學校、競爭同業、全家人，開始動手清理。這天結束時——不，其實只經過五小時，整個國家就變乾淨了。

諾瓦克承認，清理工作相當累人：「我們以為事情就此結束。我們累了，以為再也不必碰垃圾了。然而，人的不屈不撓精神以及對清潔的渴望不斷回來。」這群人組織了名為「動手做吧」（Let's Do It）的團體，每年持續清理愛沙尼亞的環境——畢竟，他們才剛真的做過。你知道，髒亂還是存在的。

如今，愛沙尼亞這個約有一百三十萬人口的國家激勵了全球各地一千八百萬人進行大規模、短時間的環境清潔工作。

多年來我不斷講著這故事，因為它實在是個壯舉，但仔細想想，你會覺得也許不是，也許那只是人的天性。當你完成了某件看似不可能的事，而且迅速完成，便會產生一種深刻的成就感和集體感。

當你設定了不可能的期限來讓某件事成真，阻礙良好對話的諸多障礙就消失了。許多讓我們拖延不前的問題：「重點到底是什麼？」「我們達成協議了嗎？」「我們認為這方向正確嗎？」全部轉化為一個問題：「我們該如何達成這一點？」當「如何」成為談話的根基，時間變得有限，氣氛就會轉變。「如何」以及「多快」能產生助益。

談話從「我怎麼想？」轉變為「我能做什麼？」令人感到謙卑又解脫。

二〇〇一年我剛到IDEO工作時，該公司有個文化，就是每隔一段時間，一群設計師會暫停客戶服務工作，接受一次看似不可能的簡報，看看能在一天內做多少事。直到今天，該公司最為人樂道的一個故事——所謂的購物車影片，基本上正是這種實務的範例。

簡單地說，一九九九年的一集《夜線》節目介紹了一群約莫三十名多領域的IDEO設計師，一個多元但協調良好的團隊，有一週時間用來「改造」購物車。

不用說，這段在世界各地商業學校播放的影片，至今仍然引起許多看見它的人的興趣，想進入IDEO工作。不可能的任務結合「一天完成」的時間限制，誘發了一個文化最好的一面。所以說不耐是一種美德。做某件事的壓力催化了一種群體意識，比你在日常文化中看到的更有凝聚力且更有助益。這對IDEO來說並不稀奇，而且只要有了正確的目標和規範，它可以發生在任何地方。

創意打造共同體

我居住的紐約上州的農場小鎮不遠處有一家賣古董被子的小店舖。最近，我順道去看了他們的存貨，在牆邊桿子上掛著的，或堆放在貨架上和店內幾張寫字檯上的褪色鋪棉毯中尋寶。最後，我在層架的最底部找到了：一條五顏六色的被子，有著又粗又寬的縫線，看來像是用各種形狀和質料的碎布——丹寧布、青年布，甚至毛氈，拼接成的。店主，一個健談的小個子，一臉驚訝：「哦，你喜歡拼布被子。」

拼布被子或許不像一些被子那麼精細，但自有它的美感。它們不是某個熟練的被子裁縫師做的，而是一小群婦女聚在一起完成的——她們通常來自不同城鎮。她們會帶著許多小碎布塊前來，把它們拼接起來，手指動得飛快，組合出一條完整的毯子。在寒冬的天光中凝視著這被子，明白它的緣起，它真的是我生平少見的美麗事物之一。

西部拓荒時期的婦女們常會跋涉數小時去參加被子縫補會（quilting bee），目標是在一天內共同縫好一條被子，這通常是要花好幾週甚至更長時間才能完成的。這是一種集體創意行為，也是一種激發重要對話的創意行為。

「你知道，這些被子往往是群體的支柱。」我欣賞被子時，店主說。要不是我早就有所了解，一定會覺得這話很莫名其妙。這些聚會形態不一，有縫紉會、被子縫補會甚至穀倉會，許多研究這類「聚會」的人都提到，做活過程中發生的對話交換了許多重要而必需的訊息。有時只是八卦，但更多時候是極為重大的訊息：婦幼健康和醫療情報，討論哪些家庭受到流感襲擊，以及鎮上和群體關心的其他問題。

這類群體對話和集體連結很大部分可以歸因於縫被子工作的「催眠」分散作用，類似我們在創造性傾聽一章談過的開會編織習慣。但是被子完成之後，這種集體感仍然會持續下去。在十九世紀，那群縫補我手中這條拼布被子的女人在當地的酒館焚毀之後，聯合起來阻擋它的重建。她們受夠了自己的丈夫每晚泡在這個酗酒、暴力事件頻傳的地方。她們讓該鎮成為一個禁酒小鎮，頂多只有私室飲酒——直到現在。

幾乎每個文化都有一種鄰近農民一起收割農田或建造房舍的傳統，無論是建穀倉或者愛沙尼亞的talgup——集體農活，大家集合起來互相幫忙，製造一些東西，是一種實在而堅定的人類行為。尤其當今，我們比任何時候都需要善加運用這點。

我和外科主任墨菲（Vivek Murthy）共同參與了一項關於美國的焦慮現象及其根本原因「疏離」的研究計畫。探索孤獨對人的影響的學者倫斯塔（Julianne Holt- Lunstat）告訴我們，孤獨和疏離感會拖垮身體；孤獨的人往往老得快，身體更虛弱。她的研究顯示，與世隔絕的人所經歷的健康影響相當於每天多抽十五根香菸。在美國，疏離是一種慢性病，在大流行病中更是如此，而只要在一起做點什麼就可能具有療效。

目前，紐約有LGBTQ編織交友圈，它們是酒吧文化的社區替代品。許多晚間名流聚會的一部分談話是以做菜為主題。一起做某件事預示著未來，也預示著成果，這會改變談話的調性，談話本身將變得正面而有成效。有時真的有必要找點事來做。

多嘗試、少說話

還有另一個重要原因我們必須從對話轉移到創造再到製作。它通常被簡單地稱為「分析癱瘓」（analysis paralysis）：我們針對某事談論得越多，就越不確定該如何處理它。

諷刺的是，這種延宕時刻可能是最佳探索性對話的產物。一旦我們從各種不同角度看待一個問題或議題，而且探索了多種不同的解決方案，可能會難以決定該怎麼做才好。本書幾乎每一章都提供了許多讓你可以在談話出錯時巧妙處理的工具，可是當你在談話中不確定下一步要怎麼做，又該如何？

這時你要多嘗試、少說話。

我常提到前哥倫比亞首都波哥大市長莫庫斯（Antanas Mockus）的施政。他繼承了一座充滿問題的都市，逐步加以改造。我對莫庫斯佩服得五體投地的一點是，他那強而有力的不動口、只動手的強勁作風。

我最喜歡的一個例子，是這位市長對波哥大交通死亡率的解決方案。該市是行人死亡率最高的城市之一，長久以來一直拿不出辦法，如果你到過那裡，就會明白那裡交通擁擠的程度，開車人的不守法也是少有的。死亡事故大都是因為行人沒按規定走斑馬線和其他指定的步行交通區域。當地交警開出高額罰單，可是沒人把它當一回事，還有人認為這些罰金是賄賂。

莫庫斯和他的團隊仔細考量這個問題，思索了對哥倫比亞人來說最重要的東西：他們的面子。幾乎沒有測試，也沒有調查研究，莫庫斯決定進行一項新嘗試：他用默劇演員——你知道，那種人人討厭的沉默小丑，取代行人交警。總共約有五百名，被安置在繁忙的十字路口；他們唯一的任務是留意違規行為，發揮默劇演員的專長，取笑那些亂闖馬路的人。

接下來的十年裡，交通死亡率下降了五成。

該方案太成功了，以致警察和其他執法人員都接受了默劇培訓，不單運用於交通違法行為，還用於其他犯罪活動。不只如此，默劇還流行開來了。事實上，在我穿越中南美洲的旅行途中，在主要十字路口轉角發現默劇演員是常有的事——儘管有的相當彆腳。他們在那兒讚揚良好行為，嘲弄違法者。

莫庫斯的做法帶有創新和幽默的成分，但我發現真正令人欽佩的是他的勇於嘗試，先推行再說，看看結果如何。他有些實驗失敗了，他一度向大約三十五萬名波哥大市民分發帶有豎起大拇指、大拇指朝下的圖片，好讓他們可以自我督促，或者在目睹同胞們的好壞行為時，通過舉牌——正面朝外，來表達支持。這還算管用，但是無所謂。重點是，再多的推算或對談都無法預測解決方案的功效。這是一個唯有透過嘗試才能看出它是否有效的構想。

我們認為大對談之後應該有大行動，但事實上，有時候你就是必須做點什麼，而不是什麼都不做。檢視你的解決方案，想像一下：「我們達成這點的最簡單辦法是什麼？如何能讓我們的對話實現？我們能不能停止談話，開始試著做做看？」

創造性連結

隨著我在IDEO的工作越來越從私人部門轉向政府、慈善事業和非營利領域，我們也看到我們所研究議題的規模和等級不斷擴展。突然間，我們的簡報包括了貧富不均、醫療保健的公平分配、氣候變化等問題。雖然截至目前，我們的工作多半是關於如何管理組織內部的對話，以便推動改革和創新，但如今我們也開始處理多個高度分歧的組織以及不同類型組織之間的對話。也因如此，我真正開始思考將對話視為一種創造性過程。

對創造性對話的最後一部分——創意、構想的實現，至關重要的是一項對我、IDEO和許多設計師來說有點討厭的實務：網絡。網絡是許多人工作的一個重要面向，但在某些方面，管理和經營人際網絡的想法讓人感覺實在過於政治和功利。「我們只是想做點事。」我們告訴自己，但我們逐漸了解到，在這個大規模的系統變革空間中，想單打獨鬥是不可能的。從這份體會中產生了一種稱為「創造性連結」的想法，也就是說，將個人和組織的關係網絡加以整合，基本上也是一種創造性行為。

不妨想想，還有誰應該參與對話，還有誰能在做點事的這個構想上發揮重大作用。不要孤軍奮戰，沒錯，但更重要的是，認真想想誰應該參與對話，好讓構想得以實現。大體上，有兩個簡單方法，可以讓你利用創造性連結做為手段，來幫你打造、開創未來：「第一法則」和「選定副手」。

第一法則

有一款相當知名的遊戲，叫「凱文貝肯的六度分隔」（The Six Degrees of Kevin Bacon），玩法是瀏覽一組你熟悉的人，接著瀏覽他們熟悉的人，以此類推，直到你找出你和凱文貝肯的隔離級數。基本上，你可以和任何名人玩這款遊戲，而勝利者是隔離級數最低的人。

我發現，對一群想要做點事或發揮談話效果而聚集在一起的人來說，最有價值的一個問題是：「誰會一通電話、立馬趕來？」

這就是我所說的第一法則，一個能確保談話持續發揮成效的有用工具。

每當我面對一群在某個特定領域努力探索、可能正準備思考如何實現的人，我都會出一道簡單的「第一法則」習題。問：「誰是只要一通電話就會出手幫忙的人？」不只要問你自己，也要問在場每個人。

如果你花五分鐘停下來思考這問題，然後把想到的名字寫在卡片、白板或便利貼上，你就會找到下一組能共同思考如何實現對話成果的參與者。要快，盡量多想些名字，類似極短的腦力激盪。不是你認識誰，而是你認為你認識的人當中有誰幫得上忙。

有時候，這種列清單的習題會產生一組新的合作者。你甚至可能找到比你的團隊更有能力推動構想的人。

目前在IDEO，在開始工作前，通常在針對重大問題擬定企劃作業之前，我們會先做一輪快速的「第一法則」提問，看看有什麼人可用，就算只是幫助談話開始也行。這做法非常簡單，而且在許多方面極為激勵人心——我們有朋友可以求助，於是，一點點地，創造性連結成了我們的第二天性。

選定副手

我曾和一家大型零售商的行銷長以及她的團隊要員開會。我們剛開始討論一個大創意，行銷長打斷我們。她轉過身來，問她的團隊：「好，等等，有沒有誰需要聽這個，但不在這裡的？」

大家在心中清點人選，很快確定了幾個他們覺得或許應該在場的人。我們暫停開會，讓他們打電話給那些缺席的同事。那些人從總公司趕到了我們的辦公室——所幸就在幾個街區外。

會議重新開始，但我記得當時我想，我剛目睹了職業生涯中少見的極具啟發性的展現領導力的時刻：一個知道有些人需要參與一場對話，因為這會影響到他們之後的工作成效的領導者。

當你從創造性對話轉向創造行為，很可能在場的人，進行了對話的人，並不是能夠把構想付諸實行的適當人選。有時候這和會議的組成分子有關，有人缺席或者被忽略了。可能需要重新思考。也可能需要一批新人，但通常是加入新的聲音和新技術，確定繼續合作的人選。

有了和那位行銷長開會的經驗，我明白了「選定副手」的價值。

當你發起一場對話，或者應邀去協助解決一個問題並且制定解決方案，一定要找一位「行動家」一起去。這麼做的好處顯而易見。行動家加入對話，他們是構想的一部分，他們也參與了創造性對話會有的催化性變革。他們不再是任務、創造物的接受者，而是構想發展的參與者。預先選定副手，是截至目前確保創造成果的不二法門。然而，幾乎所有重要的戰略對話都需要更多聲音來確保它們能繼續推動，然而我卻很少看到有議程會排出時間來討論還有誰需要參與對話，來協助開展它，從談話轉為創造。

事實上，發想創意的腦袋和實現創意的手是不一樣的。這點也顯現在組織層面上。你把一大票不同組織聚集在一起，共同解決一個問題，並不表示席間有能夠實現這承諾的組織。對一個團隊來說，較好的做法是，花點時間研究哪個組織或成員最有能力推動構想，在這情況下，創造性對話的最後階段就只是確定誰最適合繼續推動工作，同時設法讓他們加入對話。

因此，每當我探索擴展對話、走向創造的下一步，我會建立一份盡可能廣泛的清單，然後集體檢視清單，詢問還有誰需要參與接下來的對話。一旦確定了人選和組織，就是建立一個對話任務團隊的時候了。

創造對話：日舞電影實驗室

米雪・薩特（Michelle Satter）是每年夏天在日舞影展協會舉辦的日舞電影實驗室（Sundance Film Lab）創始人。三十五年來，她幾乎影響了每一位重要的獨立製片人，從昆汀・塔倫提諾、艾娃・杜威納一直到勞勃・瑞福本人——她致力於提升他們的作品，最終促成他們的導演生涯。許多藝術進駐計畫會安排藝術家住在一些特定地點，為他們提供時間和空間來發展藝術，但很少能像日舞實驗室做得如此徹底。這既是創作的對話，也是實踐。

想進入導演實驗室，你必須明確掌握你的電影劇情，同時對你想拍攝的五個重要場景提出構想。如果你的電影被接受，你必須引入和你共事的主要合作夥伴，並且獲得你缺少的重要合作夥伴：專業演員、拍攝小組以及你在未來幾週需要的其他支援一一到位。在這段期間，你必須每五天拍一個場景，第一天搞定劇本，第二天是排練和搭布景，第三天拍攝，第四天剪輯，最後一天是放映和討論。不斷反覆。

很快，也很痛苦。當我前往一個排練中的複合場景去參觀，團隊正在處理一場看來像是單純搶劫事件的戲，後來才發現那是為了連續運鏡的需要而設的複合場景。我觀察了幾小時，看著他們進行驚人的複合排演，演員們和劇組都累壞了，而且顯然很火爆。當我離開拍攝現場，感覺那根本是不可能的任務，所以想像一下兩年後我在劇院觀看這部片子的雀躍，那一幕尤其令我振奮。

就在導演以一種相當狂亂的節奏進行編劇、排演、拍攝和剪輯影片的同時，米雪和她的團隊經歷著緩慢而深思熟慮的過程，一種她特別為實驗室設計的創造性對話。每年，她會籌組一個七人團隊，和她一起面對眾導演。這個團隊通常包括剪輯師、演員、導演、編劇和攝影師各一位，全都是各自專業領域的知名人物——真正的名人。

其中的每一位都會在每週的第一天觀察一名導演的作業流程。在這之後，每天早上開始工作前，這個小組都會聚在一起討論他們前一天看到的，以及該導演需要什麼幫助。他們圍成一圈坐在房間中間（像我這樣的觀察者則坐在一旁）。

儘管需要在極短時間內完成大量工作，這個會議卻從容不迫進行著。緩慢、開放而且吹毛求疵，但同時又充滿寬容與關懷。談話完全集中在前一天看到的工作狀況以及哪裡可能需要協助。實際上這正是會議的目標，找出問題，提供支援。

會議結束後，每個人開始一天的工作。米雪的團隊將和導演及其團隊共度這一天。談話的結論幾乎立刻化為行動，而行動在幾小時內就會產生成果。對我來說，觀看這場會議真是一次脫胎換骨的經歷。身為設計師，我曾和世界各地許多組織內的一些極具創意的人共事。但老實說，當你看到這樣的會議，你會希望它每早都出現在你的工作場所。真是太令人鼓舞了。

該實驗室是一種幾乎設計完美的創造性對話：它融合了快與慢，制定了批判規則，評論者會和藝術家並肩工作，有著清晰的旅程和明確的目的地。旅途清晰，目的明確，而且它是在一個風景秀麗而遙遠的地方進行。對多數參與的人而言，這是一次獨特的人生體驗。

所以這裡有不少值得你效法的地方。但我們先來仔細觀察一下，它是如何體現創造調色盤中的最重要部分的：它關係到建立一組助手，決定何時停止說話，開始做事，以及制定一套如何在談話結束後讓它延續下去的計畫。它是圍繞著、也是為了一個清晰的集體目標——共同創造一些東西而建立的。你上次有這樣的意圖是什麼時候？創造的行為本身就是一種勇敢、慷慨而樂觀的行為。也許打造新聯繫、建立群體和共同道路的最佳方式，就是透過一起創造、製造對話這個簡單而強大的行為。

中場時間：虛擬世界的對話原則

就在我完成本書時，洛克菲勒基金會邀我和他們共同研究如何重塑他們的會議和集會。他們在北義大利科莫湖有一處絕美的休憩中心，歷史上常在那裡舉行各種彙集了全球極具影響力人物的重大集會，然而他們自認還有發揮空間。

在我初次探訪貝拉焦鎮一週後，該中心關閉了——由於疫情大流行，整個義大利北部都封閉了。漸漸地，接下來幾週內，其他城市、工作場所和社區紛紛「就地避難」。

因此，雖然COVID-19對我們來說很陌生，但各種形式的瘟疫總是發生過。事實上，結果證明它們是有益於對談的。薄伽丘的《十日談》其實就是描述十個貴族就地避難，在十天當中每天講十個故事來自娛的故事——不過是在城堡裡。不錯的消磨時間方式。

對我們這些無法在城堡裡避難的人來說，只好把談話轉移到網路上。Zoom會議成了常態，Facetime雞尾酒會效應的視訊情境成了我們和朋友見面的方式，而生活搬上了螢幕——有時笨拙、有時平順地。儘管關於這類互動能否取代面對面交談的溫度的爭論將持續很長一段時間，虛擬對話早已永久深植在我們生活中。

以下是網路對談的五個原則。

一、評估與承諾……還是不要吧

問自己，這是不是你該參與的對話。過去數十年，我們已轉變成一種「多多益善」（more is more）的心態和一種「不關機」（always on）的工作形態。這種心態不適用於遠端工作。最近，我透過Zoom參加了一場我認為簡直是違反人道的為期兩天、每天九小時的董事會議。

對許多人來說，想待在行動發生的地方是第二天性，但要重新思考這種本能。開始自我評估、檢視你常參與的談話，決定自己是否有必要參與其中。這種對於自己是否確實有利於對話成果的省思，對談話是有好處的：參與虛擬會議的人越多，效果就越差。

對個人也有好處。花點時間重新評估哪裡是你該參與的，哪裡是有你參與也幫助不大的，最終你也許會為自己創造更好的職業生涯。不過，請注意，如果你是「房」內唯一的異議人士，你絕對需要留在那裡。不管怎樣，如果你決定參與，就要負責地承擔並投入談話所產生的任務。

二、打破所有規則

這不是面對面聚會，所以不必太入戲。挑戰不是技術性的，不是「大家一起來登入Zoom吧」，而是一個理想工作和合作過程該是什麼樣子的問題。你可以徹底改造對話，以求完美適應新環境和新的機會。例如，想想長度和時機。談論規範的一章此時顯得格外重要。

一般來說，會議，尤其是大型會議，都會提前幾週或幾個月規劃好，而且關係到集會的規模。它的安排是以讓人們盡可能長時間聚集為主。

一旦你免除了現場聚會的壓力，集會就有**無限可能**了。不妨考慮縮短時間，增加次數。如果以前是六十人會議，考慮改為十次簡短會議，六人一組，在兩週內進行。認真思考參加規則，並且在進行之前仔細考慮制定這些規則。這些規則可以很簡單（如何示意下一個人發言），也可以更複雜、更具挑戰性（大家有多少時間表達觀點，以及如何表達）。

當你進行虛擬對談，所有規則都要公開透明。

三、依工作需要選擇媒介

我們手上的媒介平臺不只有視訊會議工具。當你打破一個會議該是什麼樣子的規則，便可重新思考你對科技的使用。

電話是極其文雅而親密的媒介，有一種面對面所沒有的直接和開放感。人會在看不見對方時認罪，會在深夜電話中墜入愛河，也可以在不被視覺刺激分散注意時清楚思考（甚至閉上眼睛）。

使用線上Google文件（Google Doc）可以讓編輯和相關對話，有如面對面開會那樣令人滿意。我常和我的編輯用Google文件討論一整個下午。一天結束時，感覺就像坐在一起談論本書一樣充實。想想多娜里和她的讀書會，或者被子裁縫會：當你們在文件「當中」共同合作，就是在它的內容上團結起來，合力創造它。

要依照你所進行的「對話」類型去運用、調整不同的科技產品，每一種都試用看看。讓更多不同媒介進入你的生活，它的特別優勢在於，它運用了面對面討論可能缺少的不同聲音、才能和思維方式。

四、追求簡潔與優雅

在虛擬環境中，明晰、目標和簡潔顯得格外重要。如果說以前很難和某人「切斷」來往，那麼現在就更難了。這無關乎口才，而在風度。一如往常，一個簡短的故事可以在我們缺少身體和非語言信號來幫我們界定、理解時，幫助我們建立明確的意義。

但要注意：你講的故事立論夠清楚嗎？它表明了你的觀點嗎？它算是個故事嗎？如果你發現自己必須回溯童年才能解釋昨天遇見的事，這故事可能不太有效。想知道如何把故事說得精采，請參考「中場時間：對話亮點」一節內容。

五、加入人味

在虛擬環境中，尤其要用幽默、喜悅甚至愛來設計對話。

花點時間分享恐懼，沒錯，但更重要的或許是，花點時間去認可什麼是好的。我經常使用新的開場提示——例如，花點時間分享，如果可以選擇，你想變成大自然中的什麼？這種開場問題實際上會刺激血清素分泌。或許有點傻，但真的有效。原來感覺傻乎乎也是一種人情味。

回顧一下本書的各種技巧和竅門，看它們能有什麼幫助。在虛擬環境中，在對話中加入停頓確實很有幫助。要大家寫下自己當下的想法，然後和線上成員分享，或者要他們畫一張圖表，分享一張照片。我們雖然是靠機器交流，但還是可以體驗人味。

用幽默設計對話，表達對成果的激賞，思索自然，或者只是停一下，靜靜呼吸。

最後的省思

寫作可以是一場搏鬥，因為你試圖將你所見、所感、所思融合成條理分明而強大的東西。有時你不得不將筆放下（或者推開鍵盤）來反思你得到的訊息。隨著本書在COVID-19大流行的夏天出版，我不斷回想起我和一名杜威學院學生的對話。電話訪談結束時，她說她有個問題想問我，我當然答應了。接著她說：「你到處採訪，見識了那麼多精采的對話，你覺得你被療癒了嗎？」

這問題讓我吃驚。因為它是用創傷語言表達的，我本能地在電話前畏縮了一下。但我意識到這問題確實問得好。事實上，我是在創傷狀態下開始研究、寫作這本書的。剛開始我心情沉重，覺得我們做為文化的一部分、組織的成員，已經逐漸喪失了對話的能力，而且不相信我們能夠重拾它。如今我了解到，研究本書主題正好證明了我的理論是錯的。因此，當我靜靜坐著，思考她的問題，我突然意識到：沒錯，我被「療癒」了。我發現我們仍然可以進行創造性對話——如同本書揭示的，很多地方都有這樣的對話。

寫本書的期間，我享有極度的榮寵，能夠找到許多獨特而有力的例子，顯示人終究可以克服某種形式的集體或個人障礙，產生艱難、出色且往往是愉悅的對話。我用「榮寵」一詞是因為，在日常生活中擁有這類體驗的機會並不多，尤其當我們接觸的主要是電視新聞或嘈雜的社群媒體平臺。不幸的是，會激起衝突、攻擊和不尊重的對話總是比良好的創造性對話更有「新聞價值」，因此我們經歷的就是這些，而許多人也就見怪不怪了。

但也不是非這樣不可。

當就地避難和經濟停擺在去年籠罩全球大部分地區，至今仍有大量雜音、紛爭和混亂，然而也有許多展現深刻人際連結、復原力和創造力的時刻。還有一種對可能失去之物的眷戀。當然，我們當中有些人會懷念在喜歡的餐館用餐，定期去理髮，在熱鬧的市場裡閒逛。但是，我們最懷念的是什麼？真正能讓我們感覺自己活著的是什麼？進行重要的對話。和那些能讓我們有不同思考、獲得成長和學習的人聚在一起。這是所有人都該享有的榮寵。

現在，所有人也都可以擔起個人責任，關注、分享那些在對話中發揮創意、促成變革並堅持不懈的人的故事。我們自己也可以成為對話的開創者，而這些正是我們必須去發掘的小人物故事，因為這些對話是**通往療癒之鑰**。

致謝

首先，感謝那些讓本書順利出版的人。Debbe Stern，看出這主題值得探討；我的經紀人Christy Fletcher，看了我關於設計對話的演講後立刻傳來電郵，說：「你打算出書吧？」HarperCollins出版公司團隊，尤其是Hollis Heimbouch，記得我初次和她會面討論，感覺她對本書的見地比我還要清楚。還要感謝Keith Knueven，他和HarperCollins設計團隊緊密合作，打造了大家都滿意的封面。還有我的研究助理Hannah Rudin，至今她仍在擔心我搞錯了。特別感謝Mark Lotto，一位綜合治療師和寫作指導，他從提案階段就一路陪著我直到最後一章完成。沒有他，你根本別想寫書。謝謝Shoshana，引領我認識Mark。

還有眾好友，多年來忍受我老是在談論各種對話的事。我的丈夫，當他讀它時，好像在說，「呃，我不必看了吧，你全都告訴過我了。」Whitney Mortimer，當寫書的想法在我初次到某座高山健行途中頭一次浮現，她就在我身邊。我們每五分鐘停下來一次，讓我可以記下一些東西。兩年來一直聽我談論對話中的創意或者寫作有多難的一群朋友：Tim Marshall、Janet Roitman、Roshi Givechi、Jocelyn Wyatt、Tom Eich、S. Quinn、Chal Pivik、Deborah Marton、Justine Nagen、Beth Viner、Kourtney Bitterly、Zia Khan、Dawn Laguens、Phlip Himburg、Dominique Bluhdorn、John Wotowicz、Shanelle Matthews、Diane Morris，以及過去幾年和我交談過的幾乎所有人。他們當中有好幾位讓我拿他們做「實驗」，測試對話。

感謝所有樹立了良好對話標竿和典範、在許多方面激勵我寫了本書的人們，其中多人書中都有提及。David Kelly、Bill Moggridge George Papandreou、Vivek Murthy、Lisa Kron、Mary Gentile、Courtney Martin、Michelle Satter、Mary Gentile、Andrea Lein，還有Pat Mitchell 的學生們。當然還有我母親，June Dust。你們當中有些是導師，有些是共謀，還有很多是我有

幸稱為朋友的。

想逐一感謝多年來在IDEO公司內或在全球各地和我一起設計或獨自設計對話的夥伴們是不可能的，但還是試試吧。Anna Silverstein、Christopher Hibma、Daniel Neville-Rehbehn、Ashley Powell-Sommer（你們四位和上面提過的幾位是我的第一批「對話設計」夥伴）、Diana Rhoten, Ingrid Fetell-Lee、Zorana Pringle、Wendy Woon、Paul Bennet、Ellie Grossman、Elif Gokcidem、Amelia Winger-Bearskin、Kamal Sinclair、Sam Utne、Molly Utne、Sarah Reinhoff、Tina Roth-Eisenberg、Patrice Martin、Brian Walker、David Kirchoff、Keri Putnam、Michael Hendrickson、Ann Kim、Nili Metuki、Alex Gallefant、Erin Henkel、Sandy Speicher、Dana Cho、Brian Walker、Kourtney Bitterly、Ilya Prokopoff、Jeff Hitner、Eddie Shiomi、Lawrence Abrhamson、Njoki Gitahi、Albert Lee、Ambika Nigam、Amy Leventhal、Anette Diefenthaler、Brendon Boyle、Gitte Jonsdatter、Kate Lydon、Margaret Kessler、Brian Walker、Dan Wandry、Mark Buchalter、Suzanne Howard、Liz Danzico、Loren Mayor。

最後，若有沒提到的IDEO公司同事、客戶和合作夥伴，在此一併致謝。

國家圖書館出版品預行編目資料

創造對話：掌握人心的 7 個頂尖溝通策略 / 弗雷．達斯特著；王瑞徽譯. -- 初版. -- 臺北市：平安文化, 2022.08 面； 公分. --（平安叢書；第 725 種）(溝通句典；56)
譯自：Making Conversation: Seven Essential Elements of Meaningful Communication
ISBN 978-626-7181-02-7（平裝）

1.CST: 溝通技巧 2.CST: 人際傳播 3.CST: 商務傳播

177.1 111010901

平安叢書第 725 種
溝通句典 56

創造對話

掌握人心的 7 個頂尖溝通策略

Making Conversation:
Seven Essential Elements of Meaningful Communication

作　　者—弗雷．達斯特
譯　　者—王瑞徽
發 行 人—平　雲
出版發行—平安文化有限公司
台北市敦化北路 120 巷 50 號
電話◎ 02-27168888
郵撥帳號◎ 18420815 號
皇冠出版社（香港）有限公司
香港銅鑼灣道 180 號百樂商業中心
19 字樓 1903 室
電話◎ 2529-1778　傳真◎ 2527-0904
總 編 輯—許婷婷
執行主編—平　靜
責任編輯—陳思宇
美術設計—嚴昱琳
行銷企劃—許瑄文
著作完成日期— 2020 年
初版一刷日期— 2022 年 08 月

法律顧問—王惠光律師

讀者服務傳真專線◎02-27150507
電腦編號◎342056
ISBN◎978-626-7181-02-7
Printed in Taiwan
本書定價◎新台幣 380 元 / 港幣 127 元